Autor _ LOCKE
Título _ CARTA SOBRE A TOLERÂNCIA

Copyright _	Hedra 2007
Tradução© _	Ari Ricardo Tank Brito
Edição consultada _	*A Letter Concerning Toleration*, Routledge/Thoemmes Press, 1997
Edições _	2007, 2009
Corpo editorial _	Adriano Scatolin, Alexandre B. de Souza, Bruno Costa, Caio Gagliardi, Fábio Mantegari, Felipe C. Pedro, Iuri Pereira, Jorge Sallum, Oliver Tolle, Ricardo Musse, Ricardo Valle

Dados _

Dados Internacionais de Catalogação na Publicação (

L792 Locke, John (1632—1704)

Carta sobre a tolerância. / John Locke. Tradução e Organização de Ari Ricardo Tank Brito. — São Paulo: Hedra, 2010. Edição consultada: "A Letter Concerning Toleration". Routledge: Thoemmes Press, 1977. Edições: 2007 e 2009. 98 p.

ISBN 978-85-7715-050-2

1. Filosofia. 2. Filosofia Inglesa.
3. Pensamento Liberal. 4. Liberdade.
5. Tolerância. 6. Igreja. 7. Estado. I. Título.
II. Brito, Ari Ricardo Tank, Tradutor.
III. Brito, Ari Ricardo Tank, Organizador.

CDU 123
CDD 123

Elaborado por Wanda Lucia Schmidt CRB-8-1922

Direitos reservados em língua portuguesa somente para o Brasil

EDITORA HEDRA LTDA.

Endereço _

R. Fradique Coutinho, 1139 (subsolo) 05416-011 São Paulo SP Brasil

Telefone/Fax _ +55 11 3097 8304

E-mail _ editora@hedra.com.br

Site _ www.hedra.com.br

Foi feito o depósito legal.

Autor _ Locke

Título _ Carta sobre a tolerância

Organização e tradução _ Ari Ricardo Tank Brito

São Paulo _ 2012

hedra

John Locke (Wrington, 1632—Oates, Inglaterra, 1704), filósofo empirista inglês. Lançou as bases da epistemologia moderna segundo o princípio de que "não há nada no entendimento humano que não esteve antes nos sentidos". Em sua obra fundamental, *Ensaios sobre o entendimento humano* (1690), desenvolveu a tese de que o homem nasce desnudado de conhecimentos, tal qual uma *tabula rasa*, que só será preenchida mediante as experiências realizadas ao longo da vida. Ao contrário do que pressupunha o inatismo cartesiano, as ideias não estão dadas a priori, mas devem ser compreendidas como uma elaboração do entendimento a partir da origem perceptiva. Assim, a crença na metafísica resulta ilusória, porque toma como válido o que depende inteiramente da contingência da experiência. Portanto, à filosofia resta apenas ser crítica, isto é, determinar o alcance e os limites do conhecimento humano. O pensamento de Locke rapidamente se difundiu pelo continente europeu e, a despeito de toda a resistência que encontrou, não é demasiado dizer que ditou as principais discussões filosóficas da época. Entre outros, escreveu ainda *Ensaio sobre a lei da natureza* (1663), *Tratados sobre o governo civil* (1689) e *Pensamentos sobre a educação* (1693).

Carta sobre a tolerância (*A Letter Concerning Toleration*, 1689) foi redigida em latim durante o exílio político de Locke na Holanda sob o título de *Epistola de tolerantia*, e no mesmo ano traduzida para o inglês por William Popple. A tradução que ora apresentamos ao leitor segue essa versão inglesa da *Carta*, pois foi a ela que Locke se referiu posteriormente, constando também na maioria das edições de suas obras. Locke defende nesta carta que as ações dos cidadãos, principalmente as religiosas, devem ser defendidas pelo Estado, desde que essas ações não contrariem a função principal do Estado: defender a vida, a liberdade e a propriedade. A reivindicação por tolerância se baseia, portanto, no direito natural à liberdade, o que tem como pressuposto a separação entre Estado e Igreja, ideia revolucionária para o cenário político de então.

Ari Ricardo Tank Brito é mestre em Filosofia pela Universidade de Varsóvia, Polônia (1990) e doutor pela Universidade de São Paulo (2007). Atualmente é professor substituto da Universidade Federal de Mato Grosso.

SUMÁRIO

Introdução, por Ari Ricardo Tank Brito   9

CARTA SOBRE A TOLERÂNCIA   27

Apresentação, por William Popple   29

Carta sobre a tolerância   31

INTRODUÇÃO

DE 1685 a 1689, John Locke viveu exilado na Holanda, porque seu antigo amo, o Primeiro Conde de Shaftesbury (falecido em 1682) fora acusado de participar de um complô contra o rei Carlos II Stuart e o herdeiro Jaime. Dos acusados pela conspiração, alguns fugiram, outros foram presos, julgados e executados. Para Locke, sair da Inglaterra não era propriamente um problema, pois havia passado alguns anos na França e viajado pela Europa. Na Holanda, escondido, sem aparecer publicamente e sem publicar, viveu entre os arminianos, às vezes usando nomes falsos, para evitar as autoridades inglesas que, apesar de diversos problemas internos, pediram, por Jaime II, a extradição para seu país de origem. Mesmo assim continuou trabalhando em seus textos e foi possivelmente no inverno de 1685–1686, isto é, ainda no seu primeiro ano de exílio, que Locke escreveu em latim a sua *Epistola de tolerantia*. Finalmente em 1689 John Locke retornou à Inglaterra. No mesmo ano, publicou anonimamente o texto na cidade de Gouda, Holanda. Também no mesmo ano, seu amigo William Popple traduziu a *Epistola* para o inglês e a publicou, também anonimamente, sob o título de *A Letter Concerning Toleration*. Locke não participou da tradução, como deixou claro posteriormente, mas nunca a repudiou, o que não deixa de ter importância, porque Popple escreveu uma curta introdução, também não assinada, na qual exprime ideias que o próprio Locke não defendia.

INTRODUÇÃO

E que ideias defende Locke na sua *Carta*? Dizer que defende a tolerância religiosa é uma resposta válida, sem dúvida, mas que nada diz a respeito da qualidade e amplitude dessa tolerância. Pode-se dizer que, apesar do que escreveu Popple na apresentação à sua tradução (e não se pode esquecer que essa apresentação passava como do próprio Locke), não há na *Carta sobre a tolerância* uma defesa eloquente de uma "liberdade absoluta, liberdade verdadeira e justa, liberdade igual e imparcial", como Popple afirma ser o desejo de todos. A liberdade proposta por Locke não é absoluta, nem poderia sê-lo, embora tenha de ser justa e imparcial. A leitura da *Carta* mostra facilmente que Locke queria retirar os limites da intolerância, certamente pondo outros em seu lugar, sem com isso propor nada que se assemelhasse a uma liberdade total e completa, seja no campo religioso, seja no político. Locke propõe algo que, para os seus inimigos, pouco se diferenciava das ideias aparentemente mais radicais de seu tradutor. Ao propor como essencial para uma comunidade que os poderes político e religioso fossem totalmente separados um do outro, Locke estava sendo ainda mais radical do que seu amigo Popple. É essa a grande ideia da *Carta*, na qual todo o resto se baseia. O magistrado civil (termo que não se refere necessariamente a apenas uma pessoa) tem a seu cargo fazer e aplicar as leis da comunidade, entendida como grupo de cidadãos (chamados de súditos, pois estão sob o domínio das leis). O que Locke chama de comunidade política tem origem num pacto, num contrato entre pessoas que se unem para formar um governo que não só as proteja umas das outras e de ameaças externas, mas também as suas propriedades. Essa decisão faz nascer o político propriamente dito, embora o social já existisse antes do contrato. O político, isto é, a legislação e as formas de fazê-la, é o que garante a existência da comunidade. É do interesse de cada um seguir as leis que o magistrado promulga, pois são elas que asseguram a vida, a saúde e o usufruto dos bens de cada um. Para que essa segurança permaneça, no entanto, são necessários certos cuidados, dentre os quais a separação total entre os poderes político e religioso.

Por que essa cautela? Locke afirma que uma religião é uma comunidade natural, não uma comunidade política, o que quer dizer que, se faço parte ou permaneço em uma determinada religião por livre e espontânea vontade, e se dentro dela há regras que tenho de obedecer enquanto membro, essas regras absolutamente não podem interferir nos meus direitos e deveres políticos. Ser membro de uma comunidade religiosa não é muito mais do que ser membro de um clube qualquer: quando se passa a fazer parte de um, há regras internas que devem ser respeitadas, sob a ameaça de, não observadas, ser excluído. Não importa muito o que se faça dentro desse clube ou o que nele se diga, desde que seus feitos e ideias não afetem as leis civis. Ora, os clubes e as igrejas, portanto, são expressões de opiniões particulares, modos privados de se fazer e dizer certas coisas. Não só não interessam a quem está de fora, como qualquer tentativa de ampliar essas ideias para a sociedade em geral encontraria resistência. Se o poder civil for favorável a essas ideias particulares e quiser aplicá-las como lei, o que se consegue são perseguições, massacres, em suma, a intolerância em ação.

Locke sabia bem que, embora do ponto de vista da comunidade política, igrejas e clubes tenham o mesmo status de comunidades naturais, seus objetivos são bem diferentes. Ele, que era um bom cristão e se preocupava com a salvação das almas para a vida eterna, conhecia o

INTRODUÇÃO

poder exercido pelas igrejas nessa busca pela salvação dos seres humanos. As perseguições por motivos religiosos, as guerras, torturas e execuções, muitas vezes na fogueira, eram afinal acontecimentos cotidianos em sua época. A responsabilidade dessas atrocidades todas Locke não punha nas costas do cristianismo, mas sim na intervenção indevida de crenças religiosas no mundo político. Haveria uma lógica falha na visão de muitas igrejas: se a função delas é a de resgatar as almas, como pôr um limite nesse trabalho de resgate? Locke apela para uma visão quase minimalista do Novo Testamento, afirmando que Cristo deu poucas e simples instruções a respeito do que é ser cristão. Todo o resto é invenção humana e, portanto, sujeito a dúvidas. E, desse modo, não cabe forçar nem uma pessoa sequer a aceitar essas invenções particulares como uma lei dada por Cristo. Como afirmar que uma pessoa, por não crer em determinados ritos, estará inexoravelmente condenada ao fogo do inferno? Ou que outra, por rezar nas horas estabelecidas e cumprir os ritos à risca, será com certeza salva? Não há como o conhecimento humano chegar a esse grau de certeza. Sendo assim, não só não é permitido que uma religião, qualquer religião, bem entendido, persiga os que não fazem parte dela, que tente convertê-los à força, mas também deve ser completamente retirado das mãos do magistrado civil qualquer poder ou responsabilidade sobre as igrejas e suas ideias. As igrejas devem, desde que não se ponham contra o poder civil legítimo, ser toleradas, nunca apoiadas.

Tolerância não é bem querer. No máximo, traz consigo a noção de indiferença, de não se importar, mas não a de aceitação ampla e generalizada. É sempre uma aceitação: tolera-se um mal menor com vistas a um bem maior. No caso, a aceitação de que, não havendo meios à disposição dos seres humanos para encontrar uma única via para o Céu, que seja imediatamente seguida por todos, é melhor que as várias estirpes de cristianismo existentes possam coexistir e fazer do melhor modo possível seu trabalho de evangelização. O que não significa que todas sejam iguais ou que assim se deva considerá-las. Para o poder civil, sim, todas devem estar no mesmo nível, mas é claro que para cada crente o que vale é a sua religião. Desde que ele aceite a existência de outras, e que nada faça para impedir essa simultaneidade além de pregar a sua como verdadeira, não há problema. A noção de tolerância carrega consigo a noção de indiferença. Locke se alicerça nas coisas indiferentes, uma ideia dos gregos, para defender a tolerância. O que é uma coisa indiferente? É algo que, se mudado, nada de importante ocorre. No caso da religião, as formas de culto são indiferentes: as orações de uma igreja, seus hinos e vestimentas; elas devem ser indiferentemente encaradas por quem não pertence àquela igreja. A distinção básica aqui é a seguinte: dentro de cada igreja, nem as vestimentas nem as orações são indiferentes, mas para o mundo externo, o mundo civil, elas o são. Portanto, nem as igrejas devem sair de seus limites, nem os que estão do lado de fora devem de alguma forma se imiscuir nessas peculiaridades de cada igreja.

Sempre é bom ressaltar que, como é dito na *Carta*, o magistrado civil pode e deve se interessar pelas coisas indiferentes. A razão é simples, como mostra o seguinte exemplo. A forma de se vestir é uma coisa indiferente. Se alguém gosta de roupas de cores claras, e outra pessoa gosta de roupas de cores escuras, não há motivo algum para que este gosto seja regulado de uma maneira qualquer. Mas há um limite para esse vestir indiferente: rou-

INTRODUÇÃO

pas tidas como imorais ou que ofendam outras pessoas, ou ainda vestimentas que induzam a enganos. Nesse caso, cabe uma regulamentação. Variável de acordo com o lugar e a época, mas ainda assim uma regulamentação. A questão da imoralidade das roupas é hoje em dia mal definida, felizmente, e há uma considerável liberdade de escolha. Mas, por exemplo, sair pelas ruas vestindo um uniforme nazista é caso de polícia, assim como vestir ilegalmente uma roupa, por exemplo, de um funcionário dos Correios, sem ser carteiro. As roupas não são tão indiferentes assim, portanto. Mas é fácil encontrar um exemplo banal de como a noção de indiferença deveria ser aplicada às roupas: quando torcedores de um determinado clube de futebol se encontram com torcedores de outro clube. É então que a noção de indiferença fica clara, no sentido mesmo que Locke quis apontar: esses torcedores notam, obviamente, que os outros estão vestidos com outras cores mas, para evitar perdas de vidas e o correr de sangue, evitam o confronto, tornam as cores adversárias indiferentes. Não é exatamente assim que tem ocorrido, mas isso só poderá deixar de acontecer quando as cores dos times de futebol se tornarem indiferentes. Esses exemplos todos representam um deslocamento dos argumentos e problemas propostos por Locke, que vivia num mundo onde quase nada era indiferente. Formas de vestir, gostos pessoais, costumes e crenças podiam levar uma pessoa a cair nos braços da lei, e as consequências não eram apenas a prisão, mas também o escárnio público, sob a forma de pelourinho; os castigos corporais, sob a forma de açoite ou torturas; até se chegar à pena de morte, na Inglaterra de Locke pelo enforcamento, mas em outros lugares até pela fogueira.

ARI RICARDO TANK BRITO

Estará a questão resolvida então? Locke, que se utiliza de exemplos do Velho Testamento (portanto, do judaísmo) para mostrar que não é dever de ninguém perseguir outras pessoas por motivos religiosos, e que defende o direito do pagão não se converter ao cristianismo, apresenta alguns limites para a tolerância. Um deles é a não aceitação do ateu dentro da sociedade civil. O ateu – que é aquele que não só não crê em Deus mas, o que talvez seja mais importante, não acredita em nenhum tipo de recompensa ou punição após a morte – não pode ser sujeito de um pacto: ele é total e irremediavelmente indigno de confiança. Não pode ser um membro da sociedade civil, pois nada o liga a ela. Para Locke, o sustentáculo último da sociedade é, afinal de contas, divino, e se as promessas de salvação não tiverem nenhum valor, a sociedade não tem nada em que se apoiar. Alguém que não acredita nas promessas divinas se coloca, portanto, acima das leis. Outro limite é dado aos intolerantes: aqueles que querem perseguir os outros ou que não aceitam a tolerância não devem ser tolerados. Visto de outro modo, aqueles que não aceitam a separação entre religião e política farão de tudo para que a sua religião tome o lugar do magistrado civil. A estes, enquanto não mudarem de ideia, não deve ser oferecida uma tolerância que eles não ofereceriam a ninguém. Se nos tempos de Locke os ateus não eram de fato um perigo, os intolerantes o eram: o alvo principal de Locke (mas não único) era a Igreja Católica Romana, que de maneira nenhuma aceitava uma separação dos poderes religioso e civil, que implicasse a predominância absoluta deste último, assim como se recusava a aceitar que poderia haver vários caminhos para a salvação. Algumas formas de protestantismo mais extremado também se encaixam entre os não-tolerantes, como Locke bem

INTRODUÇÃO

sabia, mas nada semelhante, em termos de amplitude, ao poder da Igreja Católica, que, além de perseguir os que não eram seus devotos, estava sob suspeição por outros motivos, mais teológicos. Segundo Locke, uma igreja que se diz cristã, mas que inventa uma série de dogmas e ritos não encontrados no Novo Testamento, talvez não seja realmente cristã. Isso sem contar a questão civil do catolicismo. Pois os católicos, devidamente chamados de papistas na versão em latim da *Carta*, fazem aliança política com um chefe de Estado estrangeiro, o Papa. Hoje, com a jurisdição política do Papa limitada a alguns prédios do Vaticano e a castelos espalhados pela Itália, uma argumentação dessas pode parecer disparatada, mas não era assim nos tempos de Locke, quando o papado ainda dominava várias partes da Itália, tendo a feição de um chefe de Estado com exércitos à sua disposição. Mais ainda, os governantes católicos, principalmente da França e da Espanha, frequentemente se voltavam contra a Inglaterra por motivos eminentemente políticos, mas sempre apresentando motivos religiosos. Quer dizer, os católicos romanos eram intolerantes e muito possivelmente agentes de potências estrangeiras. Como poderiam ser tolerados? Sua fé em si mesma não era um problema, que continuassem a acreditar ser o corpo de Cristo o que outras pessoas chamavam simplesmente de pão, mas sim suas tendências políticas. Locke acaba por dizer que se deve tolerar o latim nas igrejas (na época, claro, as missas católicas eram em latim, como foram até a década 1960), já que se pode falar nessa língua em outros lugares – o que dá uma medida da tolerância dele, pois que aceita o risco de se tolerarem os católicos. Desde que não infringissem as leis, eles podiam ser tolerados pelo magistrado, que com toda a certeza não as infringiriam, isso é outro problema. Mas pelo menos teriam a oportunidade de não fazê-lo, de serem bons cidadãos. A repressão, para Locke, deve vir depois do mal feito, e nunca antes. Se a perseguição e a opressão promovem a insurreição dos perseguidos, deve-se apostar que, sem perseguições, os católicos se comportariam bem.

O que vale para os católicos vale para os muçulmanos. Também a estes a comunidade deve oferecer um lugar a par com os fiéis de outras crenças. Mesmo que, na visão perfeitamente equivocada de Locke, os muçulmanos sigam as diretrizes do mufti de Istambul, que por sua vez segue as ordens do sultão turco, ainda assim lhes deve ser dada uma oportunidade de viver na tolerante comunidade que a *Carta* prevê. Locke, aparentemente, não tinha um conhecimento profundo do mundo islâmico, daí entender a religião do profeta Maomé como sendo parecida com o catolicismo, hierarquizada de cima para baixo. Não era assim, nem nunca fora, mas o importante é que a tolerância também pode valer para os muçulmanos. Quando se tem em conta os séculos de guerras entre cristãos e muçulmanos – o que, nos tempos de Locke, resultou no domínio turco sobre grande parte da Europa, o norte da África e o Oriente Médio, com um ataque das forças turcas em 1673 no centro da Europa, cercando a cidade de Viena e quase a conquistando –, qualquer proposta de tolerância aos muçulmanos é digna de nota. Diante dela, não tem nenhuma importância que Locke se refira aos muçulmanos como "maometanos", um termo inadequado, ou que continue a chamar Istambul de Constantinopla, o que hoje seria visto, e corretamente, como sinal de intolerância.

Basta então ser intolerante com os intolerantes e rejeitar os ateus, e a questão está resolvida? Não, há ainda

INTRODUÇÃO

outro problema: uma igreja pode ter certos preceitos que em determinado momento entrem em conflito com as leis civis. Um exemplo atual seria se, em caso de guerra, os cidadãos fossem chamados às armas, o que numa determinada igreja é absolutamente proibido. Deve ser essa igreja tolerada? A resposta de Locke para casos assim é negativa. Se há conflito entre as leis civis e as crenças religiosas, as primeiras devem ser aceitas sem mais, o que no caso mencionado significaria, claro, não que os relutantes fossem obrigados a portar armas, mas sim que eles se tornam passíveis de ser punidos pela lei que cobre esses casos. Isto é, se sua crença religiosa está em conflito com a lei civil, você não muda de crença, mas deve aceitar as consequências legais de sua posição, tornando-se um mártir, se necessário for.

Que limites Locke ampliou? Que barreiras rompeu? Afinal, a *Carta sobre a tolerância* não levantaria nenhuma celeuma, se fosse apenas uma manifestação a mais das ideias correntes na época de sua publicação. Não era. Ao afirmar que o magistrado civil não deve, nem pode, se imiscuir em assuntos de religião, Locke se levantava contra seu próprio soberano, já que os monarcas ingleses são, desde Henrique VIII, os "defensores da fé" da Igreja Anglicana, quer dizer, a Igreja da Inglaterra. Embora a Igreja Anglicana tenha tido a honra, em sua história, de ser de modo geral um tanto mais tolerante que as outras igrejas, nem por isso afirmar que o poder civil deve ser separado do religioso deixa de ser afrontoso. Mais que isso, perigoso, já que se abre a possibilidade de questionar se o poder real é de fato um poder civil. Além disso, muitas seitas protestantes de uma forma ou outra se viram postas em questão por Locke, pois nem todas aceitavam que as formas de culto fossem tão indiferentes que ninguém

ARI RICARDO TANK BRITO

devesse se importar com elas. As noções de Locke eram próximas demais de grupos que queriam o fim das querelas religiosas, certamente, mas que defendiam ideias que apavoravam igrejas cristãs, as quais iam da não existência da trindade Pai, Filho e Espírito Santo até a negação da divindade de Jesus de Nazaré. Isso sem levar em conta as implicações sociais das propostas da *Carta*. Se o pecado não fosse punido aqui e agora pelos homens, mas apenas por Deus, e com certeza após a morte, será que a sociedade sobreviveria? Não estaria sendo dada uma licença implícita para pecar? A religião de Locke seria muito pessoal, muito privada, para que se fizesse da crença em Deus e da punição eterna um impedimento para as más ações. A consciência individual tomando o lugar de padres confessores ou de pastores não era uma expectativa atraente para muitas pessoas, que não eram necessariamente intolerantes, mas sim cautelosas. Afinal, a Europa conseguira sair das guerras de religião, tendo uma delas levado 30 anos para terminar, seguindo um princípio básico e mais ou menos aceito por todos os contendores: a religião do príncipe é a religião dos súditos. O príncipe não deve mudar de religião (o erro de Jaime II) e seus súditos devem seguir a religião de seu príncipe. Nem todos os problemas foram resolvidos nesse corte de nó górdio que ameaçava se tornar uma guerra geral e permanente, mas o sistema baseado nessa ideia simples e perfeitamente autoritária funcionou. Se a escolha da religião se tornasse individual, não haveria a ameaça do retorno das guerras e perseguições, justamente o que Locke queria terminar de uma vez por todas. Em suma, Locke tinha muito a explicar, o que fez em mais três longas cartas, sem que nada acrescentasse de novo às ideias já apresentadas, pois a questão da tolerância tinha em seu tempo, e para seu

INTRODUÇÃO

tempo, um valor ou negativo ou positivo, não havendo meio termo possível. Havia muito em jogo para deixá-la de lado como uma questão menor. Fazer assim era ser tolerante e, portanto, ter optado por um dos lados da questão.

Esse é outro problema, que simplesmente não tem solução: é necessário ser tolerante para que haja tolerância. E a tolerância só prospera quando as pessoas são tolerantes. O que fazer quando existe intolerância? Ou, ainda, quais as razões que se pode apresentar a uma pessoa intolerante para convencê-la da superioridade da tolerância em relação à intolerância? Locke e outros apontam os males das guerras, das perseguições, que tornam a vida pior. Esse seria um argumento, por assim dizer, prático. Outro argumento seria o da falibilidade humana. Como saber se o caminho apontado é o correto? As pessoas se enganam, e podem muito bem, por engano, trilhar o caminho do mal. Como se pode ter certeza de que uma igreja em particular é a única verdadeira e aceita por Deus? Os dois argumentos têm o seu peso, mas apenas para aqueles que preferem uma vida mais tranquila às contrariedades de uma ação religiosa forte ou que já tendem à tolerância, acreditando que haja mais de um caminho para a salvação. Na verdade, Locke dirige-se aos primeiros, aqueles que querem ter uma vida longa, produtiva e tranquila. Bons cristãos, como foi Locke, mas sem entusiasmos perigosos, isto é, sem fanatismo que leve a guerras. Mas, atenção, isso não significa um sentimento religioso enfraquecido. Uma visão religiosa assim tem como característica colocar o crente diante de seu Criador, sem intermediários. Parte da carga que as religiões estabelecidas retiram dos ombros de seus fiéis é posta, com todo seu peso, nos ombros de cada pessoa in-

ARI RICARDO TANK BRITO

dividualmente. Ela, e só ela, se torna a única responsável por sua danação ou salvação. Não é uma religião para espíritos fracos. Muito menos a comunidade que Locke vê como a melhor é um tipo de Paraíso. Nela, a lei é brutal e a pena de morte perfeitamente aplicável a todos que ameaçam a paz, o que inclui ladrões, assaltantes, adúlteros, falsificadores, fofoqueiros etc. Coisas que hoje, mais que toleradas, são valorizadas (como "notícias"), a saber, falar mal da vida alheia na comunidade de Locke seria uma atitude muito mal vista. E o adultério, hoje apenas um motivo concreto para o divórcio, já que não se trata aqui de sofrimentos privados, era em sua época punido com a morte. A tolerância de Locke, claro, só pode ser comparada com a intolerância de sua própria época.

***

John Locke, que teve uma longa vida, de 1632 a 1704, pôde esperar tempos melhores para publicar as obras que escreveu enquanto o perigo rondava. Não que, mesmo depois de voltar à Inglaterra, tenha se tornado ousado: muitas de suas obras, escritas anos antes, foram publicadas anonimamente, tal como esta primeira *Carta sobre a tolerância*. Outras duas *Cartas*, respostas às críticas à primeira, foram publicadas sob o pseudônimo de Philanthropo, e a quarta e última, incompleta, foi publicada apenas postumamente. Locke não era um pensador que gostasse de correr mais riscos do que o necessário. E os riscos eram abundantes: primeiro, a ameaça do retorno do deposto rei Jaime II Stuart e, depois da morte deste, a volta do catolicismo à Inglaterra, isto é, guerra e opressão. A ameaça do retorno dos Stuart continuou por décadas, e o filósofo escocês David Hume, um sucessor de Locke em termos do que hoje se chama teoria

INTRODUÇÃO

do conhecimento, chegou a ver sua cidade natal, Edimburgo, invadida em 1745 por tropas comandadas por um pretendente Stuart ao trono. Por mais que hoje em dia a ameaça de uma volta dos Stuart pareça ter sido exagerada, para o contemporâneos de Locke ela era real e permanente. A outra ameaça era interna, a de perseguições por motivos religiosos comandadas pela igreja oficial, a Anglicana. Numa época em que não comparecer ao culto dominical da Igreja Anglicana era crime, não pertencer à igreja oficial, não subscrever seus dogmas, era por demais perigoso. Em 1689, Locke viu aprovado no parlamento inglês o Ato de Tolerância, que ele julgou bom, mas incompleto, uma lei que minimizava os problemas de alguns grupos de *dissenters* (dissidentes), como eram chamados aqueles que discordavam de alguns dos dogmas anglicanos, mas acreditavam em outros, como na Divina Trindade. Pelos termos dessa lei, em nada era mudada a situação dos católicos e dos chamados não-conformistas, mas os efeitos dela se espalharam mais do que sua letra. O aumento da liberdade na Inglaterra foi claramente sentido, e o caminho para uma maior tolerância e liberdade estava aberto, apesar de os riscos de uma regressão ainda serem assustadores.

Talvez por ser cauteloso ou por não ser autor de frases brilhantes (como a de Thomas Hobbes: "O homem é o lobo do homem"), Locke é importante por suas ideias, mas não exatamente em sua formulação. Da questão do empirismo à da separação dos poderes governamentais, é como se muito começasse com ele, mas não passasse de um "mero" início. No entanto, até uma leitura mais desatenta da *Carta sobre a tolerância* mostra que, pelo menos em relação à religião, não é esse o caso, não há nada sem sabor na *Carta*. O que acontece é que muitas das

formulações de Locke, antes arriscadas, viraram lugares-
-comuns, amplamente aceitos e aplicados. Sem dúvida,
nem todos os países do mundo aceitam a separação entre igreja e Estado, e ainda há perseguições de cunho religioso que Locke reconheceria perfeitamente, mas em
grande parte dos países é reconhecida essa separação, e a
Declaração dos Direitos Humanos da ONU, assinada por
todos os países membros dessa organização, proíbe, entre
outras coisas, qualquer perseguição por motivos religiosos, o que é seguido, em termos de formulação legal, pela
maioria das constituições do mundo, se não todas. Que a
realidade seja outra é uma questão bem diferente.

O que se pode afirmar é que em lugares onde a
questão premente ainda é a tolerância, a coisa vai bem
mal. Pois a tolerância, de modo geral, já foi conquistada.
O que se quer hoje, e pelo que se luta, é a aceitação, que
vai além de um mero tolerar. O que se procura é uma
igualdade no bem, isto é, não basta ser tolerado, mas
há que se ser aceito pelo menos como tão bom quanto.
Essa busca pela aceitação vai além da luta por ter os direitos respeitados. Esses direitos são apenas uma parte,
muito importante todavia, do total, que talvez tenha
como meta o reconhecimento de todas as diferenças
humanas como boas e, portanto, iguais. Não é bem a
noção de indiferença que se aplica mais; pelo contrário, a
indiferença é percebida como ofensiva. É bem diferente
a luta pela tolerância e a atual luta contra os preconceitos.
Se a tolerância foi um primeiro e imprescindível passo,
a última implica tentar tornar o objeto de preconceito
– seja uma raça, uma religião ou um grupo social es-
pecífico – algo mais do que tolerável, mas simplesmente
algo bom. Numa situação dessas, a indiferença fere, pois,
se dá a todos o mesmo status, ao mesmo tempo os co-

INTRODUÇÃO

loca num estado de indistinção. Ser igual, ser tão bom quanto, é bom, mas não seria ótimo ser o melhor? Estar além do normal, do aceitável? Nesse aspecto, os problemas que Locke se colocou foram superados, e o fato de ele e outros terem defendido a tolerância religiosa num certo momento da história humana não foi de pouca importância nesse processo. Outros problemas, como seria de se esperar, apareceram. A tolerância, tendo cumprido seu papel, acaba muitas vezes por se tornar um estorvo. Não ao convívio entre as pessoas, mas aos desejos bem humanos amplamente espalhados de fama, glória, reconhecimento e poder. A tolerância e a indiferença têm um efeito calmante nas sociedades, mas não se pode esperar que esse efeito seja bem aceito por todos. Numa sociedade mais que tolerante, o que acontece com os intolerantes? Afinal, nem todos são absorvidos no clima geral de "viva e deixe viver".

Agora, se os problemas da intolerância brutal dos tempos de Locke foram mesmo superados no geral, podem no entanto valer para o particular. Mesmo com uma constituição garantindo a liberdade de práticas religiosas, mesmo com a separação entre igreja e Estado já aceita nos inícios do século XX até pelo Vaticano, nem por isso a intolerância religiosa deixa de se mostrar aqui e ali, provando que não morreu. E há o caso da intolerância do Estado em relação às religiões. Os regimes comunistas, que nunca levaram a sério a noção de tolerância e nunca puderam descobrir nenhuma coisa indiferente nesse mundo (não que tenham procurado), tinham ministérios dedicados a cuidar das religiões, isto é, controlá-las, o que foi conseguido pela habitual mistura de repressão (prisões e execuções), intimidações e corrupção. O poder civil controlar as religiões é bem o oposto do problema que

ARI RICARDO TANK BRITO

Locke enfrentava, mas não se pode dizer que era isso o que ele tinha em mente quando propôs a separação entre política e religião. Pode-se achar na *Carta* uma visão a favor da predominância do poder civil sobre o religioso no que concerne aos cuidados com a vida social, mas nela não é proposta a substituição do poder religioso pelo civil, como claramente aconteceu nos países comunistas, e em outros países sob formas mais comedidas. Nos primeiros, o Estado era, por definição, mais do que não-religioso, era antirreligioso. Uma postura persecutória, muito bem servida pela força das polícias, que levanta a suspeita de que seja muito mais fácil trocar uma intolerância por outra do que se obter e praticar uma tolerância, tal como proposta por John Locke.

Por tudo isso, se a questão não é amar, mas tolerar, se o objetivo é alcançar a paz social por meio da indiferença, se a diversidade social deve ser preservada, a *Carta* sobre a tolerância ajuda a refletir sobre como se pode consegui--lo. Portanto, seja onde os problemas ainda são os mesmos de seu tempo, seja onde os problemas tenham se transformado, uma boa olhada no que Locke escreveu não deixa de ser conveniente, inclusive necessária.

NOTA DO TRADUTOR

A *Carta sobre a tolerância*, escrita em latim por John Locke, foi editada anonimamente pela primeira vez na Holanda em 1689 e rapidamente traduzida para várias línguas vernáculas. No entanto, foi a tradução para a língua inglesa, de William Popple, também editada em 1689, que praticamente se tornou a versão oficial dessa obra, tendo sido incluída nas edições das Obras de John Locke que se sucederam nos séculos XVIII e XIX. O que quer dizer que foi a tradução para o inglês, feita por um

INTRODUÇÃO

amigo de Locke, e não a versão original latina, que foi lida, debatida, e que exerceu influência sobre a questão da tolerância. A tradução aqui apresentada foi feita a partir da versão inglesa de Popple, baseada numa edição de 1794, em nove volumes, *Works of John Locke*. Mesmo havendo algumas pequenas diferenças entre o original em latim e sua tradução para o inglês, como apontam os especialistas, essas diferenças não têm quase nenhuma relevância. Locke, é bem verdade, não participou ativamente da tradução dessa *Carta*, mas é bom ter em mente que ele escreveu mais três *Cartas sobre a tolerância*, reiterando as ideias da primeira, num debate público com Jonas Prost, capelão do Queen's College da Universidade de Oxford, utilizando tranquilamente a tradução de Popple em seus argumentos, sem fazer nenhum reparo a esta. Por tudo isso, preferiu-se fazer a tradução para o português da versão inglesa de *A Letter Concerning Toleration*, e não do original em latim, *Epistola de Tolerantia*.

CARTA SOBRE A TOLERÂNCIA

APRESENTAÇÃO
por William Popple

Ao leitor,

A seguinte *Carta sobre a tolerância*, impressa pela primeira vez em latim neste mesmo ano na Holanda, já foi traduzida tanto para o holandês como para o francês. Uma aprovação tão geral e rápida pode, portanto, anunciar a sua recepção favorável na Inglaterra. Penso de fato não haver nenhuma outra nação sob os céus na qual se tenha falado tanto sobre esse assunto quanto na nossa. Mais ainda, certamente não há povo que se encontre em maior necessidade de falar ou fazer algo a esse respeito do que o nosso.

Não apenas tem sido nosso governo parcial em assuntos de religião, como também aqueles que têm sofrido sob essa parcialidade e que, portanto, têm trabalhado através de seus escritos para justificar seus direitos e liberdades, na maior parte o têm feito baseado em princípios estreitos, condizentes somente com os interesses de suas próprias seitas.

Essa estreiteza de espírito de todos os lados tem sido, sem dúvida, a principal causadora de nossas misérias e confusões. Mas, quaisquer que sejam suas causas, é agora mais do que tempo de procurar por uma completa cura. Precisamos de remédios mais poderosos do que aqueles já utilizados em nosso destempero. Nem declarações de indulgência nem atos de compreensão, tais como os que têm sido praticados ou planejados entre nós, podem cum-

APRESENTAÇÃO

prir essa tarefa. Os primeiros são apenas paliativos, os segundos aumentarão nosso mal.

Liberdade absoluta, liberdade verdadeira e justa, liberdade igual e imparcial é o que precisamos. Ora, apesar de se ter falado muito a esse respeito, duvido que isso não tenha sido mal entendido e, estou convicto, nunca foi praticado, seja pelos governantes em relação ao povo em geral, seja por quaisquer dos grupos dissidentes do povo uns com os outros.

Portanto, não posso senão esperar que este discurso, que trata deste assunto, mesmo que de forma breve, mas ainda assim mais exata do que jamais vimos, e que demonstra tanto a exequibilidade quanto a praticidade da coisa, seja visto como altamente apropriado por todos os homens que têm alma grande o bastante para preferir o verdadeiro interesse do público ao de um partido.

É para uso daqueles que já estão imbuídos deste espírito, ou para inspirá-lo naqueles que ainda não o possuem, que traduzi esse discurso em nossa língua. Mas o texto em questão é tão curto, que não suportará uma longa apresentação. Deixo-a, portanto, para a consideração de meus compatriotas, e desejo de coração que possam vir a fazer uso dele naquilo que é a sua intenção.

CARTA SOBRE A TOLERÂNCIA

Honrado senhor,

Já que você se interessou em inquirir sobre os meus pensamentos acerca da tolerância mútua dos cristãos em suas diferentes profissões religiosas, devo poder responder livremente que considero a tolerância a marca característica da verdadeira igreja. Pois, por mais que algumas pessoas se vangloriem da antiguidade de lugares e nomes ou da pompa de suas cerimônias, outros da reforma de sua disciplina, e todos da ortodoxia de sua fé, pois cada um é ortodoxo para si mesmo, ainda assim essas coisas, e todas as outras de mesma natureza, são marcas da luta dos homens por poder e império uns sobre os outros, muito mais do que da Igreja de Cristo. Alguém que tenha uma pretensão legítima a todas essas coisas, se for destituído de caridade, humildade e boa vontade em geral com toda a humanidade, inclusive com aqueles que não são cristãos, essa pessoa certamente estará longe de ser um verdadeiro cristão (Lucas 12, 25–26).

O ofício da verdadeira religião é bem outro. Ela não é instituída para ostentar pompa externa, tampouco para a obtenção de domínio eclesiástico ou para o exercício de força compulsória, mas para regular a vida dos homens de acordo com as regras da virtude e da piedade. Quem quer que se coloque sob a bandeira de Cristo deve em primeiro lugar, e sobretudo, fazer guerra contra suas próprias luxúrias e vícios. É vão para qualquer homem usurpar o nome de cristão, sem santidade de vida, pureza

CARTA SOBRE A TOLERÂNCIA

de modos, benignidade e humildade de espírito (Timóteo 2, 19; Lucas, 22, 32). Seria de fato muito difícil para alguém que parece descuidado de sua própria salvação persuadir-me de que estaria extremamente interessado na minha, pois é impossível que aqueles que intentem sinceramente tornar outras pessoas cristãs não tenham realmente abraçado a religião cristã em seus próprio coração. Se os Evangelhos e os apóstolos podem ser acreditados, nenhum homem pode ser cristão sem caridade e sem aquela fé que opera não pela força, mas pelo amor. Agora apelo para a consciência daqueles que perseguem, torturam, destroem e matam outros homens sob a pretensão da religião, seja por amizade e gentileza para com eles ou não. E eu acreditarei de fato nesses ferozes zelotes somente se os vir corrigir de maneira semelhante seus amigos e familiares, por causa de evidentes pecados que estes tenham cometido contra os preceitos dos Evangelhos; quando os vir perseguir com fogo e espada os membros de sua própria comunhão que estão tisnados de vícios enormes e que, sem correções, estão em perigo de perdição eterna; e quando os vir expressar o seu amor e desejo pela salvação dessas almas pela aplicação de tormentos e pelo exercício de todas as formas de crueldade. Porque se é, como eles pretendem, por um princípio de caridade e amor pelas almas dos homens que eles privam outros de suas propriedades, aleijam-nos com punições corporais, fazem-nos passar fome e atormentam-nos em prisões insalubres, e no final até mesmo tiram suas vidas, digo, se tudo isso é feito meramente para fazer dos homens cristãos e procurar sua salvação, por que então eles permitem que "prostituição, fraude, malícia e outras atrocidades" — que, de acordo com o apóstolo, em Romanos I, de forma manifesta cheira a corrupção pagã — predo-

LOCKE

minem de tal forma, e abundem em seus próprios rebanhos e povo? Essas coisas, e outras do mesmo gênero,
são com certeza mais contrárias à glória de Deus, à pureza da Igreja e à salvação das almas, do que qualquer
dissensão conscienciosa de uma decisão eclesiástica, ou o
afastamento dos rituais públicos, se acompanhados com
inocência de vida. Por que então este zelo ardente por
Deus, pela Igreja e pela salvação das almas — queimando,
digo, literalmente com fogo e madeira — passa por esses
vícios morais e maldades, sem nenhum castigo, se são re-
conhecidos por todos os homens como diametralmente
opostos à profissão do cristianismo? Por que empregar
toda energia, seja para introduzir cerimônias, seja para
se estabelecer opiniões, que em sua maior parte dizem
respeito a pontos delicados e intrincados, que excedem
a capacidade do entendimento comum? Qual das partes
que lutam por essas coisas está certa, qual delas é cul-
pada de cisma ou heresia, seja a que domina ou a que
sofre, qual será afinal manifesta, quando a causa de sua
separação vier a ser julgada? Aquele que segue corretamente ao Cristo, abraça sua doutrina e carrega seu jugo
não será então julgado como herético, mesmo que repu-
die seu pai e sua mãe, separe-se das assembleias públicas
ou renuncie a muitas outras coisas.

Ora, as divisões entre as seitas não devem ser encaradas como obstáculo à salvação das almas. No entanto,
não se pode negar que adultério, fornicação, impureza,
lascívia, idolatria e coisas assim são obras da carne, a respeito das quais o apóstolo declarou expressamente que
"aqueles que as praticam não herdarão os Reino dos Céus"
(Gálatas, 21). Portanto, quem realmente almeja ao Reino
dos Céus e pensa que é seu dever trabalhar pelo engran-
decimento deste entre os homens, deve aplicar-se com

CARTA SOBRE A TOLERÂNCIA

zelo e indústria para extirpar essas imoralidades, assim como para extirpar as seitas. Mas se alguém age de outra maneira e, sendo cruel e implacável com aqueles que diferem dele em suas opiniões, é indulgente com iniquidades e imoralidades inadequadas a um cristão, mesmo que essa pessoa fale muito sobre a igreja, é outro reino que ela almeja, e não o progresso do Reino dos Céus.

Que qualquer homem possa pensar ser cabível causar a morte em meio a tormentos a outro homem cuja salvação ele deseja de coração, e isso num estado não convertido — isso, confesso, deveria parecer muito estranho para mim e, penso, para qualquer outra pessoa. Mas certamente ninguém jamais dirá que tal via de ação pode proceder da caridade, do amor ou da boa vontade. Se uma pessoa acredita que os homens devem ser compelidos a ferro e fogo a professar certas doutrinas e a se conformar com essa ou aquela forma exterior de adoração, sem absolutamente ter em vista suas morais; se uma pessoa tenta converter aqueles que estão em erro com a fé, forçando-os a professar coisas nas quais não acreditam e permitindo que pratiquem coisas que os Evangelhos não permitem; essa pessoa, sem dúvida alguma, deseja ter uma assembleia numerosa reunida consigo na mesma profissão de fé, mas é completamente inacreditável que intente por esses meios compor uma verdadeira igreja cristã. Não é, portanto, de espantar que aqueles que não lutam de fato pelo avanço da religião verdadeira e da igreja do Cristo façam uso de armas que não pertencem à luta cristã. Se estes, como os capitães de nossa salvação, desejassem ferozmente o bem das almas, deveriam seguir os passos e o exemplo perfeito daquele príncipe da paz, que enviou seus soldados para submeter as nações e reuni-las em sua igreja, não armados com a espada ou outros instrumen-

LOCKE

tos de força, mas sim preparados com o evangelho da paz e com a santidade exemplar de suas falas. Este foi o seu método. Se os infiéis devessem ser convertidos à força, se os cegos ou obstinados devessem ser retirados de seus erros por soldados armados, sabemos muito bem que teria sido muito mais fácil para Ele fazer isso com os exércitos das legiões celestes do que para qualquer filho da igreja, por poderoso que fosse, com todos os seus soldados.

A tolerância com aqueles que diferem em assunto de religião é tão agradável ao evangelho de Jesus Cristo e à razão genuína da humanidade que parece monstruoso que certos homens sejam cegos a ponto de não perceber, numa luz tão clara, a necessidade e vantagem dela. Não criticarei aqui a ambição e orgulho de alguns, a paixão e o zelo sem caridade de outros. Estas são falhas das quais os homens talvez possam um dia se livrar, não sem dificuldade; mas assim como ninguém aceitaria sua plena imputação, sem conferir a ele uma aparência enganadora, fingindo assim comedimento, ao mesmo tempo que é arrastado por suas paixões irregulares. Entretanto, para que alguns possam poupar seu espírito da mácula da perseguição e da crueldade não-cristã com o pretenso interesse pelo bem-estar público e pela observância das leis, e para que outros, sob o pretexto da religião, não possam pretender impunidade por sua libertinagem e licenciosidade, numa palavra, para que ninguém possa impor, a si mesmo ou aos outros, pelas alegações de lealdade e obediência ao Príncipe, ou pelo cuidado e sinceridade na adoração a Deus — por tudo isso, estimo que seja necessário, acima de todas as coisas, distinguir exatamente os assuntos do governo civil dos da religião e determinar as justas ligações entre um e outro. Se isso não for feito, não terão fim controvérsias que sempre surgem en-

CARTA SOBRE A TOLERÂNCIA

tre aqueles que têm, ou têm a pretensão de ter, por um lado, interesse pelas almas dos homens e, por outro, cuidado pela comunidade (*commonwealth*).

A comunidade me parece ser uma sociedade de homens, constituída somente para que estes obtenham, preservem e aumentem seus próprios interesses civis.

Por interesse civil, entendo a vida, a liberdade e a salvaguarda do corpo e a posse de bens externos, como dinheiro, terras, casas, móveis e assim por diante.

É dever do magistrado civil, pela execução imparcial de leis equânimes, assegurar a todo o povo em geral, e, em particular, a cada um de seus súditos, a posse justa desses bens que pertencem à sua vida. Se alguém se atrever a violar as leis da justiça pública e da equidade, estabelecidas para a preservação desses bens, sua presunção deve ser obstada pelo medo da punição, que consiste na privação ou diminuição desses interesses civis ou bens que, de outra forma, ele deveria e poderia usufruir. Percebendo todavia que ninguém se deixa voluntariamente punir pela privação de alguns de seus bens, e muito menos de sua liberdade ou vida, o magistrado está, portanto, armado com a força e o poder de todos os seus súditos, para que possa punir aqueles que violarem qualquer um dos direitos das outras pessoas.

Ora, que toda a jurisdição do magistrado abrange somente esses assuntos civis, e que todo o poder civil, o direito e o domínio são limitados pela tarefa única de promover essas coisas, as quais não podem nem devem ser estendidas para a salvação das almas — as considerações seguintes me parecem mais que suficientes para demonstrá-lo.

Primeiro, porque o cuidado das almas não está sob responsabilidade do magistrado civil, assim como de ne-

LOCKE

nhum outro homem. Digo que não é dado a ele por Deus, porque parece que Deus jamais concedeu tal autoridade a um homem, para exercê-la sobre outro, de modo a forçá--lo à sua religião. Tampouco pode ser um tal poder concedido ao magistrado pelo consentimento do povo, porque nenhum homem pode assim abandonar os cuidados com sua própria salvação, de modo a cegamente deixar que algum outro, seja príncipe ou súdito, prescreva-lhe a fé ou os rituais que deve abraçar. Porque nenhum homem, se assim puder, conformará sua fé de acordo com as ordens de outro. Toda a vida e o poder da religião verdadeira consistem na persuasão interna e completa da mente; e fé não é fé sem crença. Qualquer que seja a profissão de fé que façamos, seja qual for o ritual a que adiramos, se não estivermos plenamente seguros em nossa mente de que a primeira é verdadeira, e de que o segundo traz satisfação a Deus, longe de ser alguma ajuda, eles são na verdade grandes obstáculos à nossa salvação. Pois, desta maneira, em vez de expiar outros pecados por meio do exercício da religião, oferecemos a Deus Todo-Poderoso uma adoração que estimamos ser desagradável a ele e adicionamos ao número de nossos pecados aqueles da hipocrisia e do desprezo por sua Majestade Divina.

Em segundo lugar, o cuidado das almas não pode pertencer ao magistrado civil, porque seu poder consiste somente na força externa, e a verdadeira e salvadora religião consiste na persuasão interna da mente, sem o que nada poderia ser satisfatório para Deus. E tal é a natureza do entendimento, que ele não pode ser compelido à crença numa coisa qualquer por meio de uma força externa. Confisco de propriedades, prisão, torturas, nada dessa natureza pode ser eficiente no sentido de transformar o julgamento interno que os homens fazem das coisas.

CARTA SOBRE A TOLERÂNCIA

É possível alegar que o magistrado pode fazer uso de argumentos e, assim, pôr o heterodoxo no caminho da verdade e ajudar na sua salvação. Concordo, mas isso ele tem em comum com outros homens. Ao ensinar, instruir e corrigir pela razão os que estão em erro, ele pode certamente fazer o que é adequado a qualquer homem bom. A magistratura não o obriga a pôr de lado nem a humanidade nem os sentimentos cristãos. Mas uma coisa é persuadir, outra é obrigar: por uma se força com argumentos, pela outra com penas. Esta última somente o poder civil tem o direito de fazer, para a outra a boa vontade é autoridade suficiente. Todo homem tem autoridade para admoestar, exortar e convencer outro do erro e, pelo raciocínio, levá-lo até a verdade, mas outorgar leis, receber obediência e compelir com a espada é algo que pertence a ninguém mais além do magistrado. Tendo isso por base, afirmo que o poder do magistrado não se estende ao estabelecimento de algum artigo de fé, ou modos de adoração, pela força de suas leis. Porque leis não têm força nenhuma sem penas, e penas neste caso são absolutamente impertinentes, pois que não são apropriadas para convencer a mente. Nem a profissão de algum artigo de fé nem a conformidade com algum tipo exterior de adoração, como já foi dito, pode ser de algum valor para a salvação das almas, a menos que a verdade da primeira e a aceitação da outra junto a Deus sejam completamente acreditadas por aqueles que assim as professam e praticam. Mas as penas absolutamente não são capazes de produzir tal crença. Apenas a luz e a evidência podem provocar uma mudança nas opiniões dos homens, e essa luz não pode de maneira nenhuma vir de sofrimentos corporais ou de qualquer outra pena externa.

LOCKE

Em terceiro lugar, o cuidado com a salvação das almas dos homens não pode pertencer ao magistrado porque, mesmo que o rigor das leis e a força das punições fossem capazes de convencer e mudar a mente dos homens, ainda assim isso não ajudaria em nada a salvação das suas almas. Porque, havendo apenas uma verdade, um caminho para o Céu, que esperança há de que mais homens sejam levados a ela, se eles não seguem outra regra senão a religião da corte, se precisam abandonar a luz de sua própria razão, opor-se aos ditados de sua próprias consciências e de cegamente resignar-se diante da vontade de seus governantes e da religião que a ignorância, a ambição ou a superstição calhou de estabelecer nos países em que nasceram? Já que os príncipes deste mundo estão tão divididos na variedade e contrariedade das opiniões em religião quanto o estão em relação aos seus interesses seculares, a via estreita poderia se tornar ainda mais apertada; apenas um país poderia estar na via correta, e todo o resto do mundo seria obrigado a seguir seus príncipes em caminhos que levam à destruição; e, o que só aumenta o absurdo e não combina com a noção de uma divindade, os homens deveriam sua felicidade ou miséria eternas aos seus locais de nascimento.

Essas considerações, omitindo muitas outras que podem ser apresentadas para o mesmo propósito, parecem-me suficientes para concluir que todo o poder do governo civil relaciona-se apenas com os interesses civis dos homens, está limitado aos cuidados com as coisas deste mundo e não tem nada a ver com o mundo que virá depois.

Consideremos agora o que é uma igreja. Admito ser uma igreja uma sociedade voluntária de homens que se juntam por acordo próprio, de modo a adorar Deus publi-

CARTA SOBRE A TOLERÂNCIA

camente de uma maneira que eles julguem aceitável por Ele e efetiva em relação à salvação de suas almas.

Digo que ela é uma sociedade livre e voluntária. Ninguém nasce membro de nenhuma igreja, de outra forma a religião dos pais desceria até seus filhos, pelo mesmo direito de herança de suas propriedades temporais, e cada um possuiria a sua fé pelo mesmo direito com que possui suas terras — não se pode imaginar nada de mais absurdo. É nisso que reside a questão. Ninguém está por natureza ligado a nenhuma igreja ou seita, mas cada um entra voluntariamente naquela sociedade em que acredita ter achado uma profissão de fé e um culto que seja verdadeiramente aceitável para Deus. As esperanças de salvação, tendo sido a única causa para entrada de uma pessoa naquela comunhão, só podem ser a única razão para permanecer nela. Porque, se descobrir depois que há algo errôneo na doutrina ou é incongruente o culto daquela sociedade à qual se juntou, por que não seria ela tão livre para sair dela quanto o foi para entrar? Nenhum membro de uma sociedade religiosa pode estar ligado por qualquer outro laço além daqueles que procedem da expectativa da vida eterna. Uma igreja, portanto, é uma sociedade de membros voluntariamente ligados para este fim.

Agora devemos considerar qual é o poder dessa igreja e a quais leis ela está submetida.

Já que nenhuma sociedade, não importa o quão livre seja, ou se instituída pelos motivos mais banais (seja de filósofos para o conhecimento, seja de mercadores para o comércio, ou de homens com tempo disponível para conversas e debates), nenhuma igreja ou companhia, digo, pode subsistir e se manter unida se não for regulamentada por algumas leis e se seus membros não consentirem

LOCKE

em observar uma certa ordem, do contrário ela se dissol-
verá e quebrará. Lugares e horários de encontros devem
ser concordados, regras para a admissão e a exclusão de
membros devem ser estabelecidas, a distinção de cargos e
a manutenção das coisas em um curso regular tampouco
não podem deixar de ser feitas. Mas, como já foi demonstrado, sendo a união de vários membros numa sociedade-
-igreja absolutamente livre e espontânea, segue-se necessariamente que o direito de fazer suas leis só pode pertencer
à própria sociedade e a ninguém mais, ou pelo menos, o
que vem a dar no mesmo, àqueles a quem a sociedade,
por consentimento comum, tenha autorizado a fazê-lo.

Alguns talvez possam objetar que nenhuma sociedade assim pode ser dita uma verdadeira igreja, a menos
que contenha um bispo, ou um presbítero, com um poder
de mando que derive dos próprios apóstolos e que tenha
vindo até o presente numa sucessão interrupta.

A esses eu respondo. Peço em primeiro lugar, que me
mostrem o édito pelo qual Cristo impôs tal lei sobre sua
igreja. E que nenhum homem pense em mim como um
impertinente se, em consequência, num assunto de tal importância, eu requerer que os termos de tal édito sejam
muito expressivos e positivos, pois a promessa que Ele
nos fez, a de que "onde quer que dois ou três se reúnam
em Seu nome, Ele estará no meio deles" (Mateus 18, 20)
parece implicar o contrário. Se a tal reunião falta algo
necessário a uma verdadeira igreja, por favor, considerem. Estou certo de que ali nada pode existir que falte
à salvação das almas, o que é suficiente para os nossos
propósitos.

A seguir, observe-se quão grandes têm sido sempre
as divergências, mesmo entre aqueles que põem enorme
ênfase na instituição divina e na sucessão continuada de

CARTA SOBRE A TOLERÂNCIA

uma certa ordem de líderes na igreja. A própria dissensão entre eles nos coloca sob a necessidade de deliberar e, consequentemente, nos dá a liberdade de escolher aquela que, depois de uma consideração, nós preferirmos.

E, em último lugar, consinto que esses homens tenham um líder em sua igreja, estabelecido por uma cadeia de sucessão tão longa quanto julguem necessário, desde que eu possa ter a liberdade de me juntar àquela sociedade, na qual as coisas necessárias para a salvação da minha alma estejam lá para serem encontradas. Desta maneira, a liberdade eclesiástica será preservada por toda parte, e nenhum homem terá um legislador imposto, mas sim um a quem ele próprio terá escolhido.

Mas, sendo os homens tão desejosos da igreja verdadeira, eu apenas lhes perguntaria aqui, a propósito, se não seria mais agradável à igreja de Cristo se as condições de sua comunhão consistissem nas coisas necessárias para a salvação, e somente nelas, como o Espírito Santo declarou nas Sagradas Escrituras em palavras expressivas? Pergunto se isso não seria mais agradável à igreja de Cristo do que alguns homens sujeitarem outros às suas próprias invenções e interpretações, como se elas fossem de autoridade divina, e determinarem leis eclesiásticas, como absolutamente necessárias para a profissão do cristianismo, coisas que as Sagradas Escrituras ou não mencionam ou pelo menos não ordenam de forma expressa. Quem quer que tome essas coisas como necessárias para a comunhão eclesiástica, coisas que Cristo não prescreve como necessárias para a vida eterna, poderá constituir uma sociedade feita à sua própria opinião e vantagem, mas eu não compreendo como isso possa ser chamado de igreja de Cristo, já que é estabelecido sob leis que não são as de Cristo, e exclui pessoas de sua comunhão, as mesmas que

LOCKE

um dia ele receberá no Reino dos Céus. Mas não sendo este o lugar adequado para se inquirir sobre as marcas da igreja verdadeira, alertarei somente aqueles que lutam tão notavelmente pelos decretos de sua própria sociedade e que conclamam continuadamente a IGREJA, com tanto alarido, e talvez movidos pelo mesmo princípio com que os ourives de Éfeso faziam por sua Diana. Desejo alertá--los para algo que os Evangelhos frequentemente declara-ram: que os verdadeiros discípulos de Cristo podem sofrer perseguições; mas que a igreja de Cristo deve perseguir os outros e forçá-los por espada e fogo a abraçar sua fé, isso até agora não foi encontrado em nenhum dos livros do Novo Testamento.

A finalidade de uma sociedade religiosa, como já foi dito, é a adoração pública de Deus, para assim se chegar à vida eterna. Toda disciplina deve, portanto, tender para essa finalidade, e todas as leis eclesiásticas a isso devem--se limitar. Nada que seja relacionado à possessão de bens civis e terrenos pode nem deve ser negociado nessa sociedade. Nenhuma força deve ser usada, em ocasião alguma, pois a força pertence completamente ao magistrado civil, e a posse de todos os bens externos está sujeita à sua jurisdição.

Mas pode-se perguntar por quais meios então devem as leis eclesiásticas ser estabelecidas, já que precisam ser destituídas de todo poder compulsório. Respondo que elas devem ser estabelecidas de maneira adequada à natureza dessas coisas, nas quais a profissão e observação exteriores, se não procedem de uma completa convicção e concordância da mente, são completamente sem utilidade e improfícuas. As armas que os membros dessa sociedade devem manter, como lhes convém, são as exortações, as admoestações e os conselhos. Se por es-

CARTA SOBRE A TOLERÂNCIA

ses meios os ofensores não forem convertidos e os que estão em erro convencidos, nada mais resta a fazer senão expulsar, separar da sociedade essas pessoas obstinadas e empedernidas, que não deixam nenhum terreno para a esperança de melhorarem. Esta é a última e máxima força da autoridade eclesiástica: nenhuma outra punição pode ser infligida além da cessação das relações entre o corpo e o membro que é cortado fora, a pessoa assim condenada deixando de fazer parte daquela igreja.

Uma vez determinadas essas coisas, inquiramos o quanto se estende o dever da tolerância e o que ele requer de cada um.

Em primeiro lugar, sustento que nenhuma igreja é obrigada pelo dever da tolerância a manter em seu seio qualquer pessoa que, depois de continuadas admoestações, ofenda obstinadamente as leis da sociedade. Porque se a quebra de tais leis, que são a condição da comunhão e dos laços da sociedade, fosse permitida sem qualquer advertência, a sociedade estaria por causa disso dissolvida. Entretanto, em todos os casos semelhantes, deve-se ter cuidado para que a sentença de excomunhão, e sua execução posterior, seja realizada sem medidas duras, de palavras ou ações, de modo que a pessoa expulsa não seja absolutamente lesada em suas propriedades ou em seu próprio corpo. Pois toda a força, como frequentemente se tem dito, pertence apenas ao magistrado, e uma pessoa privada não deve em momento algum usar a força, exceto em autodefesa contra a violência injusta. A excomunhão não tira nem pode tirar da pessoa excomungada quaisquer dos bens civis que ela possuísse antes. Todas essas coisas pertencem ao governo civil e estão sob a proteção do magistrado. Toda a força da excomunhão consiste apenas nisso: uma vez declarada a

LOCKE

resolução da sociedade a este respeito, a união que havia | 45
entre esse corpo e alguns de seus membros é dissolvida,
e essa participação cessa, bem como a participação em
algumas coisas específicas que a sociedade comungava
com seus membros. Porque não é feita uma injúria civil
à pessoa excomungada, como a recusa, pelo ministro da
igreja, do pão e do vinho na celebração da ceia do Senhor,
os quais não serão comprados com o dinheiro dela, mas
sim com o de outros homens.

Em segundo lugar, nenhuma pessoa privada tem direito de prejudicar outra pessoa nos seus benefícios civis, seja qual for a maneira, apenas porque ela é de outra igreja ou religião. Todos os direitos e regalias que lhe
pertencem, ou como um homem, ou como um morador,
são irrevogavelmente de sua escolha. Não são assuntos
da religião. Nenhuma violência ou injúria lhe pode ser
cometida, seja ele cristão ou pagão. Não. Devemos nos
contentar com as estritas medidas da simples justiça: caridade, bens e liberalidade podem ser adicionados. Isto o
Evangelho incentiva, a isto a razão nos leva, e isto requer
de nós o companheirismo natural sob o qual nascemos.
Se algum homem se desencaminha, o infortúnio é dele,
e nisso não há nenhuma injúria para você, que portanto
não o punirá nas coisas desta vida, por supô-lo miserável
naquilo que virá depois.

Entendo que o que digo sobre a tolerância mútua entre pessoas privadas diferentes no que tange à religião
também se aplica a igrejas particulares, cuja relação de
umas com as outras é semelhante àquela das pessoas privadas entre si, nenhuma delas tendo nenhuma forma de
jurisdição sobre as demais, nem mesmo quando o magistrado civil for membro de alguma dessas comunhões,
como às vezes ocorre. Pois o governo civil não pode con-

CARTA SOBRE A TOLERÂNCIA

ceder nenhum direito novo à igreja, nem a igreja ao governo civil. Então, se o magistrado se junta a alguma igreja ou dela se separa, a igreja permanece sempre como era anteriormente, uma sociedade livre e voluntária. Ela não adquire o poder da espada do magistrado se este vem a ela, nem perde o direito de instrução e excomunhão se ele sai dela. Este é o direito fundamental e inextirpável de uma sociedade espontânea, o de expulsar quaisquer de seus membros que transgridam as regras da instituição, sem, no entanto, adquirir, pela admissão de novos membros, qualquer direito de jurisdição sobre os que não fazem parte dela. Portanto, a paz, a igualdade e a amizade devem ser sempre preservadas pelas igrejas particulares, assim como entre pessoas privadas, sem nenhuma pretensão de superioridade ou jurisdição de uma sobre a outra.

Isto pode se tornar ainda mais claro com um exemplo. Vamos supor duas igrejas, uma de arminianos e a outra de calvinistas, na cidade de Constantinopla. Dirá alguém que alguma dessas igrejas tem o direito de privar os membros da outra de suas propriedades e liberdade, como vemos ser praticado em outros lugares, por causa da diferença entre elas no que tange a doutrinas e cerimônias, isso enquanto os turcos ficam em silêncio, apreciando as crueldades inumanas que os cristãos praticam uns contra os outros? Mas se uma dessas igrejas tivesse o poder de destratar a outra, pergunto a qual delas esse poder pertenceria e por qual direito. Responder-se-á, sem dúvida, que é a igreja ortodoxa que tem o direito de autoridade sobre as que estão em erro ou são heréticas. Dizer isso, em palavras grandiloquentes e enroladas, é não dizer nada. Pois toda igreja é ortodoxa para si mesma, e é herética ou em erro para as outras. O que quer que al-

LOCKE

guma igreja creia, ela acredita nisso como verdadeiro, e o contrário ela declara como um erro, de modo que as controvérsias entre essas igrejas sobre a verdade de suas doutrinas e a pureza de seus cultos é em ambos os lados equivalente. Tampouco há juiz algum, seja em Constantinopla, seja em qualquer outro lugar, por cuja sentença a controvérsia possa ser dirimida. A decisão sobre essa questão pertence apenas ao Juiz Supremo de todos os homens, a quem também pertence, e somente a Ele, a punição dos que estão em erro. Enquanto isso, que aqueles homens considerem o quão grave é o pecado que cometem, aqueles que, acrescentando injustiça, se não a seus erros, com certeza ao seu orgulho, tão arrogante e impensadamente arrogam-se o direito de maltratar os servos de outro mestre, os quais não são responsáveis perante eles.

Além disso, mesmo que se pudesse dizer qual dessas duas igrejas diferentes está no caminho correto, isso não concederia à igreja ortodoxa nenhum direito de destruir a outra. Pois as igrejas não têm nenhuma jurisdição sobre os assuntos mundanos, nem são o fogo e a espada instrumentos adequados para convencer a mente dos homens de seu erro ou informá-los da verdade. Vamos supor, apesar disso, que o magistrado civil esteja inclinado a favorecer uma delas e a pôr a sua espada nas mãos dessa igreja, de modo que, por seu consentimento, ela possa castigar os dissidentes como queira. Dirá alguém que algum direito pode ser dado a uma igreja cristã, sobre os seus irmãos, por um imperador turco? Um infiel, que não tem o direito de punir cristãos por artigos de sua fé, não pode ceder tal autoridade a uma sociedade de cristãos, nem dar-lhes um direito que ele próprio não possui. Esse seria o caso em Constantinopla. E a razão disso é a mesma em qualquer reino cristão. O poder civil é o mesmo em todo

CARTA SOBRE A TOLERÂNCIA

lugar e não pode conferir nas mãos de um príncipe cristão maior autoridade sobre a igreja do que nas mãos de um pagão, ou seja, nas mãos de ninguém.

No entanto, é digno de atenção, e de lamento, que os mais violentos desses defensores da verdade, os opositores do erro, os que reclamam contra o cisma, dificilmente deixam escapar seu zelo por Deus, com o qual estão tão inflamados, a menos que tenham o magistrado civil a seu lado. Basta que um favor da corte lhes conceda o melhor lado da barganha, e eles começam a se sentir mais fortes, a paz e a caridade podendo ser postas de lado nesse momento; de outro modo, elas teriam de ser religiosamente observadas. Nos lugares onde eles não têm poder para perseguir e se tornar senhores, ali eles desejam viver em concordância e pregam a moderação. Quando não estão fortalecidos com o poder civil, podem suportar firme e pacientemente na sua vizinhança o contágio da idolatria, da superstição e da heresia, as quais, em outras ocasiões, deixam-nos extremamente apreensivos, devido ao interesse da religião. Eles não atacam de frente aqueles erros que estão em moda na corte ou que são aceitos pelo governo. A respeito destes, não apresentam seus argumentos, alegando que esta é a única via correta de se propagar a verdade, que não tem melhor maneira de prevalecer do que quando fortes argumentos e boa razão são reunidos às delicadezas da civilidade e dos bons costumes.

Para terminar, ninguém, nem um indivíduo, nem igrejas, não!, nem mesmo comunidades têm algum título apropriado para invadir os direitos civis e os bens terrenos dos outros, sob a desculpa da religião. Aqueles que são de outra opinião fariam bem em considerar o quão perniciosa é a semente da discórdia e da guerra, quão poderosa é a provocação de ódios infindáveis, rapina e ho-

LOCKE

micídios que eles têm até aqui fornecido à humanidade. | 49
Nenhuma paz ou segurança, nem mesmo algo como uma simples amizade pode jamais ser estabelecida e preservada entre os homens enquanto prevalecer a opinião de que "o domínio é fundado sobre a graça, e a religião deve ser propagada pela força das armas".

Em terceiro lugar, vejamos o que o dever da tolerância exige daqueles que são distintos do resto da humanidade, dos laicos, como eles gostam de nos chamar, por alguma característica e ofício eclesiásticos, sejam eles bispos, sacerdotes, presbíteros, ministros ou qualquer outra dignidade ou distinção. Não é do meu interesse inquirir aqui sobre a origem do poder ou da dignidade do clero. Digo somente que, onde quer que sua autoridade se origine, desde que seja eclesiástica, ela deve estar contida dentro dos limites da igreja, não podendo de maneira nenhuma ser estendida aos assuntos civis, porque a igreja, em si mesma, é uma coisa completamente separada e distinta da comunidade. Os limites entre as duas são fixos e inamovíveis. Aquele que reúne Céu e terra, as coisas mais remotas e opostas, mistura essas duas instâncias que são, em origem, fins e negócios e em tudo mais, perfeitamente distintas e infinitamente diferentes uma da outra. Portanto, homem nenhum, dignitário de qualquer ofício eclesiástico, pode privar outro homem que não seja de sua igreja e fé da liberdade ou de qualquer parte de seus bens terrenos devido à diferença religiosa entre eles. Pois uma coisa que não seja legal para a igreja inteira não pode, por algum direito eclesiástico, tornar-se legal para algum de seus membros.

Mas isso não é tudo. Não é suficiente que homens da igreja se abstenham de violência e rapina e de todos os modos de perseguição. Aquele que se diz um sucessor

CARTA SOBRE A TOLERÂNCIA

dos apóstolos e toma para si o ofício de ensinar é obrigado também a admoestar seus ouvintes sobre os deveres da paz e da boa vontade entre todos os homens, tanto em relação aos que estão em erro como aos ortodoxos, tanto para aqueles que diferem deles em fé e culto como para os que concordam com eles, e deve com esforço exortar todos os homens, à caridade, à humildade e à tolerância, tanto as pessoas privadas quanto os magistrados, se houver algum em sua igreja. E deve com diligência procurar minimizar todo aquele calor e uma irracional aversão da mente que, seja por um zelo feroz por sua própria seita ou pela argúcia de outros, tenha sido aceso contra os dissidentes. Não tentarei mostrar quão felizes e grandes poderiam ser os frutos, para a igreja e para o Estado, se em todos os lugares os púlpitos ressoassem com essa doutrina de paz e tolerância, para que não pareça que eu reflito muito severamente sobre homens cuja dignidade não desejo diminuir, nem quereria vê-la diminuída por outras pessoas ou por eles mesmos. Mas eu digo que assim deve ser. E se alguém que professa ser um ministro da palavra de Deus, um pregador do evangelho da paz, ensina de outra maneira, é porque não entende ou negligencia os assuntos de sua vocação, e deverá um dia, portanto, prestar contas a esse respeito para o Príncipe da Paz. Se os cristãos devem ser instruídos para se abster de todas as formas de vingança, mesmo depois de repetidas provocações e múltiplas injúrias, quanto mais deveriam aqueles que nada sofrem, que não sofreram nenhum dano, evitar a violência e se abster, de todas as maneiras, de maus tratos para com aqueles de quem não receberam nenhum? Essa cautela e moderação eles certamente devem ter com aqueles que só se interessam por seus próprios negócios, e que querem apenas, independentemente do que se pense deles, cultuar a Deus da forma que pensam ser aceitável para Ele, e na qual têm as mais fortes esperanças de salvação eterna. Nos assuntos privados domésticos, no gerenciamento das propriedades, na conservação da saúde do corpo, cada homem pode considerar o que melhor lhe cabe e seguir o curso que mais lhe apraz. Ninguém reclama do mau gerenciamento dos negócios do vizinho. Ninguém fica irado com outro homem porque este cometeu um erro ao lavrar suas terras ou por ter casado mal sua filha. Ninguém corrige um perdulário porque este gasta tudo o que tem numa taverna. Que alguém derrube, ou construa, ou cometa as despesas que queira, ninguém murmura contra ele, ninguém o controla. Ele tem sua liberdade. Mas se um homem não frequenta a igreja, se não conforma seu comportamento exatamente de acordo com as cerimônias costumeiras ou se não leva seus filhos para serem iniciados nos sagrados mistérios dessa ou daquela congregação, isso imediatamente causa uma celeuma e a vizinhança se enche de barulho e lamentações. Cada um está pronto para ser o vingador de tão grande crime. E os zelotes dificilmente têm paciência para se abster da violência e da rapina até que a causa seja ouvida, e o pobre homem, de acordo com a norma, é condenado à perda da liberdade, dos bens ou da vida. Ó, se nossos oradores eclesiásticos, de todas as seitas, pudessem se aplicar, com toda a força argumentativa de que são capazes, na refutação dos erros dos homens! Mas vamos deixar que poupem a si mesmos. Que eles não supram o que lhes falta em razões com os instrumentos da força, que pertencem à outra jurisdição e não ficam bem nas mãos de um homem da igreja. Que eles não invoquem a autoridade do magistrado como auxílio à sua eloquência ou conhecimento, pois, apesar de pre-

CARTA SOBRE A TOLERÂNCIA

tenderem apenas o amor pela verdade, talvez este seu zelo destemperado, que respira só fogo e espada, traia sua ambição e mostre que o que eles desejam é o domínio temporal. Porque seria muito difícil persuadir homens de bom senso de que aquele que com os olhos secos e com a mente satisfeita é capaz de entregar seu irmão ao carrasco para ser queimado vivo preocupa-se sinceramente e de coração em salvar o irmão das chamas do inferno no mundo que virá.

Em último lugar, vejamos qual é o dever do magistrado em relação à tolerância, que certamente é bastante considerável.

Já provamos anteriormente que o cuidado com as almas não pertence ao magistrado, que não é um cuidado magistral, se assim posso chamá-lo, que consiste em prescrever pelas leis e compelir pela punição, mas um cuidado caritativo, que consiste em ensinar, admoestar e persuadir, não podendo ser negado a homem algum. Portanto, o cuidado com a alma de um homem pertence a si mesmo, e deve ser deixado a ele. Mas e se ele negligenciar o cuidado de sua alma? Respondo que se ele negligenciar o cuidado com sua saúde ou com suas propriedades, qual das duas coisas é mais próxima ao governo do magistrado? Proverá o magistrado uma lei expressa impedindo-o de ficar pobre ou doente? As leis estabelecem as condições, tanto quanto possível, para que os bens e a saúde dos súditos não sejam prejudicados pela fraude ou violência de outras pessoas, mas não guardam os súditos da própria negligência ou do desleixo com os negócios. Nenhum homem pode ser forçado a ser rico e saudável, queira ele ou não. Nem o próprio Deus pode salvar os homens contra a vontade destes. Vamos supor, entretanto, que algum príncipe desejasse forçar seus súditos

LOCKE

a acumular riquezas ou a preservar a saúde e a força de seus corpos. Seria estabelecido por lei que eles só poderiam consultar médicos romanos e que cada pessoa deveria viver de acordo com as prescrições destes? Que nenhuma poção ou unguento poderia ser tomada, exceto aquelas preparadas, suponhamos, num boticário do Vaticano ou de Gênova? Ou que, para se tornarem ricos, todos os súditos deveriam ser obrigados, pela lei, a virar mercadores ou músicos? Ou deveria cada um se tornar vendedor de alimentos ou ferreiro, já que muita gente mantém sua família com conforto e se torna rica nessas profissões? Mas se pode dizer que há mil caminhos para a riqueza, porém apenas um para o Céu. Isso é certo, de fato, especialmente para aqueles que se esforçam em obrigar os homens a ir por este ou aquele caminho, porque se houvesse vários caminhos que levassem adiante, não sobraria sequer pretexto para a coerção. Mas, se marcho com meu maior vigor no caminho que, de acordo com a geografia consagrada, leva diretamente a Jerusalém, por que sou atacado e maltratado pelos outros? Talvez porque eu não use um gorro, talvez porque meu corte de cabelo não seja o correto, talvez porque não esteja vestido da maneira correta, talvez porque eu coma carne pelo caminho ou algum outro alimento que apraz ao meu estômago, talvez porque evite certas vias secundárias que parecem me levar para o mato ou para precipícios, talvez porque, das diversas vias que estão na mesma estrada, escolhi seguir pela mais reta e mais limpa, porque eu evito a companhia de alguns viajantes que são menos sérios, e de outros que são mais azedos do que deveriam ser, ou porque, finalmente, eu sigo um guia que está, ou não, encapuzado de branco e coroado com uma mitra. Se considerarmos com atenção, certamente descobriremos que

CARTA SOBRE A TOLERÂNCIA

há em grande parte coisas mais frívolas do que estas (sem abrir mão da religião ou da salvação das almas, e se não forem acompanhadas de superstição e hipocrisia), as quais podem tanto ser observadas quanto omitidas, quero dizer, há coisas como essas que fazem nascer inimizades implacáveis entre irmãos cristãos que estão em total concordância com a parte substancial e verdadeiramente fundamental da religião.

Mas, concedamos a esses zelotes, que condenam tudo que não está à sua feição, que dessas circunstâncias surgem diferentes fins. O que podemos concluir daí? Apenas uma dessas vias é a que leva à felicidade eterna. Mas, nesta grande variedade de caminhos que os homens seguem, ainda é duvidoso qual é a correta. Ora, nem o interesse pela comunidade nem o direito de promulgar leis fazem com que o magistrado descubra o caminho que leva ao Céu com maior certeza do que a busca e estudo fazem com que cada homem privado o descubra por si mesmo. Tenho um corpo fraco, uma doença me enfraquece e, suponho que para ela haja apenas um remédio, mas este é desconhecido. Seria então do âmbito do magistrado me prescrever um remédio, porque há apenas um e porque este é desconhecido? Porque há apenas um jeito certo de escapar da morte, será por isso seguro que eu faça qualquer coisa que o magistrado ordene? Essas coisas, que todo homem deve sinceramente inquirir a si mesmo, adquirir conhecimento a respeito por meditação, estudo e busca, por seus próprios esforços, não podem ser vistas como a profissão peculiar de algum tipo de homem. De fato, os príncipes nascem superiores aos outros homens em poder, mas iguais em natureza. Nem o direito nem a arte de governar carregam necessariamente consigo um conhecimento correto de outras coisas, menos ainda da

LOCKE

religião verdadeira. Se fosse assim, como seria possível que os senhores da terra conseguissem discordar tão vastamente como fazem em assuntos religiosos? Mas concedamos que é provável que o caminho para a vida eterna seja mais bem conhecido por um príncipe do que por seus súditos, ou pelo menos que, dada a incerteza das coisas, o modo mais seguro e cômodo é o de seguir os seus ditames. Você dirá: e então? Se ele lhe ordenar que siga na carreira do comércio, você não obedeceria por medo de ser malsucedido? Respondo que eu me tornaria um mercador sob o comando do príncipe porque, neste caso, se eu não conseguisse êxito nos negócios, ele é mais que suficientemente hábil para recompensar minhas perdas de alguma outra maneira. Se for verdade, como ele diz, que deseja que eu prospere e fique rico, pode me recompor quando sucessivas viagens tiverem me levado à falência. Mas não é o mesmo caso quando se trata da vida que virá. Se ali eu tomar um curso errado, se em relação a isso eu me perder, não está sob o poder do magistrado reparar as minhas perdas, minimizar meus sofrimentos ou me restaurar, em parte ou no todo, uma boa situação. Que segurança pode ser oferecida para o Reino do Céu?

Talvez digam alguns que esse julgamento infalível que todos os homens têm a obrigação de seguir nos assuntos da religião não esteja com o magistrado civil, mas sim com a igreja. O que a igreja determinou, o magistrado civil ordena que seja seguido e exige, por sua autoridade, que ninguém agirá ou pensará, em assuntos de religião, ao contrário do que a igreja ensina. O próprio magistrado presta obediência e requer semelhante obediência dos outros. A isso respondo: quem não vê o quão frequentemente o nome da igreja, que foi tão venerável no tempo dos apóstolos, tem sido usado em épocas posteri-

CARTA SOBRE A TOLERÂNCIA

ores para jogar poeira nos olhos das pessoas? Entretanto, no caso presente isso não nos ajuda. O único e estreito caminho que leva ao Céu não é melhor conhecido pelo magistrado do que pelas pessoas privadas e, portanto, não posso tomá-lo como meu guia, pois que provavelmente é tão ignorante do caminho quanto eu mesmo e certamente está menos interessado do que eu na minha salvação. Entre tantos reis dos judeus, quantos não foram seguidos cegamente por muitos israelitas, caindo então na idolatria e, por conseguinte, na destruição? Ainda assim, você me pede para ser corajoso e me diz que atualmente tudo está salvo e seguro, porque o magistrado agora não segue os seus próprios decretos em assuntos religiosos, mas sim os da igreja. De qual igreja?, pergunto-lhe. Daquela que com certeza ele gosta mais. Como se ele, ao me compelir por suas leis e punições a entrar nesta ou naquela igreja, não interponha seu julgamento próprio no assunto. Que diferença há se ele me guia pessoalmente ou me entrega para ser guiado por outros? Nos dois casos eu dependo de sua vontade, e é ele que determina, desses dois modos, o meu estado na eternidade. Estaria um israelita, que adorou o Baal sob o comando de seu rei, numa situação melhor se alguém lhe dissesse que tudo que o rei ordenava em religião não vinha da sua própria cabeça, e tudo que ordenava em termos de adoração divina tinha sido aprovado por um conselho de sacerdotes e declarado ser de direito divino pelos doutores da igreja? Se a religião de uma igreja se torna verdadeira e salvadora porque o cabeça daquela seita, os prelados e os sacerdotes e os que são daquela tribo com todo o seu poder exaltam-na e a elogiam, que religião poderia jamais ser tida como errônea, falsa e destrutiva? Tenho dúvidas a respeito da doutrina dos socinianos, tenho suspeitas sobre os modos de culto pra-

LOCKE

ticados pelos papistas ou luteranos; será por acaso minimamente mais seguro para mim entrar numa ou noutra dessas igrejas sob o comando do magistrado, só porque tudo que ela ordena em religião passa pela autoridade e conselho dos doutores da igreja?

Mas, para dizer a verdade, devemos reconhecer que a igreja — se uma convenção de clérigos que produz cânones pode ser chamada por este nome — é, em geral, mais suscetível de ser influenciada pela corte do que a corte pela igreja. Que a igreja esteve sujeita às vicissitudes dos imperadores ortodoxos e arianos, é bem sabido. Ou, se essas coisas são muito remotas, nossa moderna história inglesa, nos reinados de Henrique VII, Eduardo VI, Maria e Elizabeth, nos dá exemplos mais recentes de como o clero, fácil e suavemente, mudou seus decretos, seus artigos de fé, sua forma de culto, tudo de acordo com a inclinação daqueles reis e rainhas. No entanto, aqueles eram reis e rainhas de mentes tão diferentes em questões de religião, e prezavam tantas coisas diferentes, que nenhum homem com a cabeça no lugar — eu quase ia dizendo nenhum homem exceto um ateu — afirmaria que um sincero e honesto adorador de Deus seria capaz de obedecer, com a consciência tranquila, aos vários decretos que eles promulgaram. Para concluir, é o mesmo se um rei, que prescreve leis para a religião de outro homem, pretende fazê-lo por seu próprio julgamento ou pela autoridade eclesiástica e conselhos de outros. As decisões dos homens da igreja, cujas diferenças e disputas são suficientemente conhecidas, não podem ser mais bem embasadas ou seguras que as dele, nem podem todos os seus votos em concordância adicionar qualquer força nova ao poder civil. Sobre isso deve-se chamar atenção para o fato de que os príncipes dificilmente têm boa disposição para as

CARTA SOBRE A TOLERÂNCIA

opiniões de eclesiásticos que não sejam favoráveis à sua fé e modo de culto.

Mas, acima de tudo, a consideração principal, que determina de forma absoluta essa controvérsia, é esta: apesar de a opinião do magistrado ser segura, e o caminho que ele aponta verdadeiramente evangélico, ainda assim, se eu não estiver completamente persuadido em minha própria mente, não terei segurança para segui-lo. Qualquer caminho que eu siga, não importa qual, contra os ditames da minha segurança jamais me levará até a mansão dos bem-aventurados. Posso enriquecer por uma arte que não me dá prazer, posso ser curado de uma doença por remédios nos quais não levo fé, mas não posso ser salvo por uma religião da qual desconfio e por um culto que desprezo. É vão para quem não crê tomar a aparência da profissão religiosa de outrem. Somente a fé e a sinceridade íntima levam à aceitação junto de Deus. O mais aprovado e adequado remédio não pode ter efeito sobre um paciente, se seu estômago o rejeita assim que é ingerido, e em vão se enfia um remédio pela goela abaixo de um doente, cuja constituição particular o transformará certamente num veneno. Numa palavra: muitas coisas são duvidosas em religião, mas pelo menos isto afinal é certo: nenhuma religião que eu acredite não ser verdadeira pode ser verdadeira ou lucrativa para mim. Portanto, em vão os príncipes obrigam seus súditos a vir para a comunhão de sua igreja, sob a pretensão de salvar suas almas. Se eles acreditam, vêm por seu próprio acordo; se não, sua vinda não lhes será de valia nenhuma. Não importa o quão grande seja a pretensão de boa vontade e caridade e a preocupação pela salvação das almas dos homens — homens não podem ser salvos, quer queiram,

LOCKE

quer não, e, portanto, se tudo foi feito, eles devem ser deixados à sua própria consciência.

Tendo finalmente livrado os homens de todo domínio
de uns sobre os outros em assuntos religiosos, vamos
agora considerar o que eles devem fazer. Todos os homens sabem e reconhecem que Deus deve ser cultuado
de forma pública. Não fosse assim, por que se obriga-
riam uns aos outros a ir a assembleias públicas? Portanto,
homens que possuem essa liberdade devem entrar em alguma sociedade religiosa, na qual se reúnam não apenas
para a edificação mútua, mas para mostrar ao mundo que
cultuam a Deus e oferecer à Majestade Divina um serviço
de que não se sintam envergonhados, que acreditem não
ser dela indigno nem inaceitável e, finalmente, que, pela
pureza da doutrina, pela santidade de vida e por uma
forma decente de culto, eles possam trazer outros até o
amor da religião verdadeira e fazer outras coisas em religião que não podem ser feitas por homens privados em
separado.

A essas sociedades religiosas chamo de igrejas, e digo
que devem ser toleradas pelo magistrado. Pois os assuntos dessas assembleias de pessoas não são nada mais
senão aquilo que é legal para cada homem em particular
se interessar, quero dizer, a salvação de suas almas, e não
há nesses casos nenhuma diferença entre a igreja nacional
e outras congregações separadas.

Mas havendo em cada igreja duas coisas para serem
especialmente consideradas — a forma exterior e os ritos
de adoração, e as doutrinas e os artigos da fé —, essas
coisas devem ser tratadas distintamente, para que toda a
questão da tolerância possa ser bem compreendida.

Em relação ao culto exterior, digo, em primeiro lugar,
que o magistrado não tem poder para forçar, pelo poder

CARTA SOBRE A TOLERÂNCIA

da lei, seja na sua própria igreja, ou ainda menos em outra, o uso de quaisquer ritos ou cerimônias na adoração de Deus. Assim é, não somente porque essas igrejas são sociedades livres, mas porque qualquer coisa que seja praticada na adoração de Deus só é justificável enquanto os praticantes acreditarem que isso é aceitável para Deus. Tudo que não for feito com a certeza da fé não é nem um bem em si mesmo, nem é aceitável para Deus. Impor esse tipo de coisa às pessoas, coisas contrárias aos seus julgamentos, é de fato ordenar que ofendam a Deus, o que, considerando que o objetivo de toda religião é agradar a Ele e que a liberdade é essencialmente necessária para esse fim, soa como um absurdo inexprimível.

Mas talvez se possa concluir disso que eu nego aos magistrados qualquer forma de poder sobre coisas indiferentes, o que, se não concedido, abole toda a questão da feitura das leis. Não. Concedo rapidamente que as coisas indiferentes, e talvez somente elas, estejam submetidas ao poder legislativo. Mas daí não se segue que o magistrado possa ordenar o que quer que lhe agrade a respeito de qualquer coisa que é indiferente. O bem comum é a regra e a medida de toda legislação. Se algo não é útil à comunidade, apesar de ser indiferente, não pode ser estabelecido pela lei.

Mais ainda, coisas indiferentes por sua natureza própria, quando trazidas para a igreja e ao culto de Deus, são colocadas fora do alcance da jurisdição do magistrado, porque quando usadas assim não têm qualquer conexão com os assuntos civis. O único objetivo da igreja é a salvação das almas, e absolutamente não interessa à comunidade, ou a algum de seus membros, se esta ou aquela cerimônia será realizada. A ocorrência ou não de alguma cerimônia naquelas assembleias religiosas

LOCKE

não traz vantagem ou prejuízo para a vida, a liberdade ou as propriedades de qualquer homem. Por exemplo, suponhamos que lavar uma criança com água é uma coisa indiferente. Suponhamos também que o magistrado entenda que o banho é proveitoso para a cura ou a prevenção de alguma dessas doenças às quais as crianças estão sujeitas, e que ele estime ser o assunto sério o bastante para ser coberto por uma lei; nesse caso, ele pode ordenar que assim seja feito. Mas dirá alguém que o magistrado tem o mesmo direito de ordenar pela lei que todas as crianças sejam batizadas pelos sacerdotes, nas pias sagradas, para que as almas delas sejam purificadas? A diferença extrema entre esses dois casos é visível para qualquer um. Basta aplicarmos o último caso ao rebento de um judeu, e a coisa fala por si mesma. O que impede que um magistrado cristão tenha súditos judeus? Agora, se reconhecermos que tal intercessão não pode ser feita a um judeu, de forma a obrigá-lo, contra a sua opinião, a praticar em sua religião algo que é indiferente por natureza, como podemos sustentar que algo desse tipo possa ser feito a um cristão?

Novamente, coisas que são pela sua própria natureza indiferentes não podem, por nenhuma autoridade humana, ser incluídas como parte do culto de Deus, e justamente por essa razão: porque elas são indiferentes. Pois, desde que coisas indiferentes não são capazes, por qualquer virtude própria, de agradar à divindade, nenhuma autoridade ou poder humano pode conferir a elas tanta dignidade e excelência que lhes possibilite consegui-lo. Nas situações comuns da vida, o uso de coisas indiferentes que Deus não tenha proibido é livre e legal, e nessas coisas, portanto, a autoridade humana tem lugar. Mas não é assim em assuntos da religião. Coisas indiferen-

CARTA SOBRE A TOLERÂNCIA

tes não são de modo algum legais no culto divino, exceto aquelas que foram instituídas pelo próprio Deus, que, por algum mandamento positivo, tenha ordenado fazer parte do culto que Ele se permitiu aceitar das mãos de pobres pecadores. Quando uma divindade irada vier nos perguntar "Quem exigiu tais e tais coisas, como as que estão em suas mãos?", não será suficiente lhe responder que o magistrado assim nos ordenou. Se a jurisdição civil se estendesse tanto, o que não poderia ser legalmente introduzido na religião? Que confusão de cerimônias, que invenções supersticiosas, construídas sob a autoridade do magistrado, não poderiam, contra a consciência destes, ser impostas aos adoradores de Deus? Porque a maior parte dessas cerimônias e superstições consiste no uso religioso de coisas que por sua própria natureza são indiferentes: elas, aliás, não são pecaminosas sob nenhum outro aspecto, exceto por Deus não ser seu autor. O espargimento da água e o uso do pão e do vinho são ambos, em sua própria natureza e nas situações comuns da vida, completamente indiferentes. Dirá alguém que essas coisas poderiam ter sido introduzidas na religião e tornadas parte do culto divino se não fosse pela instituição divina? Se alguma autoridade humana ou poder civil pudesse tê-lo feito, por que não poderia ter também acrescentado a ingestão de peixe e de cerveja na Santa Ceia, como parte do culto divino? Por que não o espargimento do sangue de animais nas igrejas e a expiação pela água e pelo fogo, e muitas outras coisas deste tipo? Mas essas coisas, indiferentes que sejam nos usos comuns, quando são anexadas ao culto divino sem autoridade divina são tão abomináveis a Deus quanto o sacrifício de um cão. E por que um cão seria tão abominável? Qual a diferença entre um cão e um bode em relação à natureza divina, igual e infi-

LOCKE

nitamente distante de qualquer afinidade com a matéria, | 63
a menos que Deus tenha ordenado o uso de um deles, e
não do outro, no seu culto? Vemos, portanto, que as coisas indiferentes, independentemente do quanto estejam
acima do poder do magistrado civil, ainda assim não podem sob esse pretexto ser introduzidas na religião e impostas a assembleias religiosas, porque no culto de Deus
elas cessam completamente de ser indiferentes. Aquele
que louva a Deus o faz com a intenção de agradá-lo e de
obter o seu favor. Mas isso não pode ser feito por aquele
que, sob o comando de outrem, oferece a Deus o que sabe
que não lhe será agradável, porque não foi ordenado por
ele próprio. Isso não é agradar a Deus ou acalmar sua ira,
mas sim, com vontade e conhecimento, provocá-lo por
um desprezo manifesto, algo que é absolutamente repug-
nante à natureza e ao objetivo do culto.

Mas então perguntar-se-á: se nada do que pertence ao
culto divino pode ser deixado à discrição humana, como
é que as próprias igrejas têm o poder de ordenar o que
quer que seja a respeito de hora e lugar do culto e coisas
semelhantes? A isso respondo que, no culto religioso, devemos distinguir entre o que é realmente parte do culto e
o que é apenas uma circunstância. As partes do culto são
as que se creem indicadas por Deus e que são agradáveis
a Ele e, portanto, necessárias. Circunstâncias são essas
coisas que, apesar de no geral não poderem ser separadas
do culto, ainda assim são circunstâncias ou modificações
particulares delas, e, por não serem determinadas, são indiferentes. A esta categoria pertencem o momento e o
local do culto, a vestimenta e a postura daquele que faz a
adoração — estas são circunstâncias, e perfeitamente indiferentes, quando Deus não deu nenhum mandamento
expresso sobre elas. Por exemplo: entre os judeus, o mo-

CARTA SOBRE A TOLERÂNCIA

mento e o lugar de seu culto e as vestimentas daqueles que os oficiavam não eram meras circunstâncias, mas uma parte do próprio culto. Se algo disso fosse defeituoso ou diferente do que fora instituído, eles não poderiam ter esperanças de que o culto fosse aceito por Deus. Mas, para os cristãos sob a liberdade dos Evangelhos, essas são meras circunstâncias do culto, que a prudência de cada igreja pode usar como julgar melhor, de acordo com os fins da ordem, da decência e da edificação. Mas, mesmo sob o Evangelho, aqueles que acreditam que o primeiro ou o sétimo dia foi posto à parte por Deus e consagrado à sua adoração, para esses aquela porção de tempo não é uma mera circunstância, mas uma parte real do culto divino, que não pode ser mudada nem negligenciada.

Ainda mais, assim como o magistrado não tem o poder de impor através de suas leis a adoção de qualquer rito ou cerimônia em qualquer igreja, também não tem qualquer poder para proibir a adoção das mesmas, do modo como já foram recebidas, aprovadas e praticadas por uma igreja. Porque, se o fizesse, ele destruiria a igreja, cujo objetivo é apenas o de cultuar a Deus com liberdade, à sua própria maneira.

Você dirá que, por essa regra, se alguma congregação decidir sacrificar crianças, ou (como os cristãos primitivos foram falsamente acusados) profanar-se em promíscuas licenciosidades, ou praticar qualquer outra maléfica monstruosidade, estará o magistrado obrigado a tolerar tais atos, porque estão sendo praticados numa assembleia religiosa? Respondo que não. Essas coisas não são legais nem no curso regular da vida nem em nenhuma casa privada e, portanto, não o são também no culto a Deus ou em uma reunião religiosa. Mas se algum povo, congregado por motivo de religião, quiser sacrifi-

LOCKE

car um novilho, nego que isso deva ser proibido por uma lei. Melibeu, a quem o novilho pertence, pode legalmente sacrificar seu novilho em casa e queimar qualquer parte deste que ache conveniente, pois nenhuma injúria é feita a alguém, nem prejuízo aos deuses de outros homens. E, pela mesma razão, ele pode sacrificar seu novilho numa reunião religiosa. Se tal ação é ou não agradável a Deus, é responsabilidade dos que fazem parte dessa reunião considerar. A responsabilidade do magistrado é somente cuidar para que a comunidade não receba nenhum prejuízo e que nenhuma injúria seja feita a qualquer homem, seja à sua vida ou às suas propriedades. Assim, o que pode ser gasto numa festa pode ser gasto num sacrifício. Mas, se por acaso acontecesse de o interesse da comunidade requerer a proibição de todo abate de animais por um certo tempo, para aumentar o número dos rebanhos, que foram diminuídos por alguma peste, quem não vê que o magistrado, num caso destes, pode proibir seus súditos de abater qualquer novilho, pelo motivo que for? Apenas isso tem de ser observado, pois neste caso a lei não versa sobre assuntos religiosos, mas políticos, e que não é o sacrifício, portanto, mas o abate de animais que está proibido.

Assim, vemos a diferença que há entre a igreja e a comunidade. O que é legal pelas leis da comunidade não pode ser proibido pelo magistrado dentro da igreja. O que é permitido a qualquer um de seus súditos, para seu uso comum, não pode nem deve ser proibido pelo magistrado a nenhuma seita, para usos religiosos. Se qualquer homem pode, legalmente, comer do pão ou tomar do vinho em sua própria casa, seja sentado ou ajoelhado, a lei não deve constrangê-lo nessa mesma liberdade no seu culto religioso; apesar de na igreja o uso do pão e do

CARTA SOBRE A TOLERÂNCIA

vinho ser bem outro, ali aplicado aos mistérios da fé e aos rituais do culto divino. Mas as coisas prejudiciais à comunidade de um povo no seu uso comum e, por conseguinte, proibidas pelas leis não devem ser permitidas às igrejas em seus rituais sacros. O magistrado deve somente ser sempre muito cuidadoso, para não fazer mau uso de tal autoridade, oprimindo qualquer igreja sob a desculpa do bem público.

Pode-se indagar: se uma igreja é idólatra, também deve ser tolerada pelo magistrado? Respondo assim: que poder pode ser dado ao magistrado para a supressão de uma igreja idólatra que não possa, em algum momento ou lugar, ser utilizado para a ruína de uma ortodoxa? Pois deve-se lembrar que o poder civil é o mesmo em todo lugar, e que a religião de cada príncipe é, para ele mesmo, ortodoxa. Se, portanto, tal poder em assuntos espirituais for concedido ao magistrado civil, como acontece em Genebra, por exemplo, ele poderá extirpar, por violência e sangue, a religião que é considerada idólatra; pela mesma regra outro magistrado, em algum país vizinho, poderá oprimir a religião reformada e, na Índia, a cristã. O poder civil poderá então tanto mudar tudo na religião, de acordo com o prazer do príncipe, quanto poderá não mudar nada. Uma vez que se permita introduzir qualquer coisa na religião através de leis e punições, não haverá limites para as mudanças, pois da mesma maneira será legal alterar tudo de acordo com a regra da verdade que o magistrado montou para si mesmo. Nenhum homem, portanto, deve ser privado de seus prazeres terrenos por causa de sua religião. Nem mesmo os americanos sujeitos a um príncipe cristão[1] devem ser punidos, seja no corpo ou em seus bens, por não abraçarem nossa

---

[1] Referência aos povos ameríndios.

LOCKE

fé e nosso culto. Se estão persuadidos de que agradam a Deus observando os rituais de seu próprio país, e de que assim obterão a felicidade, devem ser deixados a Deus e a si mesmos. Vamos ao fundo da questão: um reduzido e fraco número de cristãos, privados de quaisquer riquezas, chega a um país pagão. Esses estrangeiros imploram aos habitantes do local, por aquilo que é mais próprio à humanidade, que sejam socorridos, que lhes sejam satisfeitas as necessidades básicas de suas vidas. Essas necessidades são satisfeitas: habitações são concedidas, e todos se reúnem e crescem como um só corpo de povo. A religião cristã, por esse meio, lança raízes naquele país e se espalha, mas não de forma a se tornar rapidamente a mais forte. Enquanto as coisas continuam nessa condição, a paz, a amizade, a fé e a justiça equitativa são preservadas entre eles. Chega um momento em que, afinal, o magistrado se torna um cristão e com isso o grupo dos cristãos se torna o mais poderoso. Imediatamente, então, todos os acordos devem ser quebrados, todos os direitos civis violados, de modo que a idolatria venha a ser extirpada: e a menos que esses pagãos inocentes, seguidores estritos das regras da equidade e da Lei Natural, que de forma nenhuma ofendem as leis da sociedade, digo, a menos que eles rejeitem sua antiga religião e abracem uma nova e estranha, serão expulsos das terras e possessões de seus antepassados e, talvez, até mesmo privados da própria vida. Finalmente, se vê o que o zelo pela igreja, associado ao desejo de domínio, é capaz de produzir, e como tão facilmente a desculpa da religião e o cuidado com as almas servem de coberta para o roubo e a ambição.

Ora, quem defende que a idolatria deve ser arrancada de qualquer lugar por leis, punições, fogo e espada pode aplicar essa teoria para si mesmo. Porque a razão da coisa

CARTA SOBRE A TOLERÂNCIA

é igual, tanto na América quanto na Europa. E nem os pagãos de lá nem os cristãos em dissensão daqui podem, sob nenhum argumento, ser privados de seus bens terrenos pela facção predominante de uma corte-igreja, assim como nenhum direito civil deve ser mudado ou violado por motivos de religião em um local como em outro.

Mas a idolatria, dizem alguns, é um pecado, e portanto não pode ser tolerada. Se quiserem dizer com isso que ela deve ser evitada, a inferência é boa. Mas, não se segue que, porque é um pecado, deve ser punida pelo magistrado. Porque não é próprio do magistrado fazer uso de sua espada para punir tudo o que ele, sem diferenciar, toma como um pecado contra Deus. O desejo do que é de outrem, a falta de caridade, a preguiça e muitas outras coisas são pecados pelo consenso de todos os homens, mas nunca ninguém disse que elas devam ser punidas pelo magistrado, pois não são prejudiciais aos direitos dos outros homens nem quebram a paz pública das sociedades. Não. Mesmo os pecados da mentira e do perjúrio em nenhum lugar são puníveis pelas leis, exceto nos casos em que a verdadeira baixeza da coisa e a ofensa contra Deus não são consideradas, mas somente a injúria cometida contra os vizinhos e contra a comunidade. E, se em outro país, para um príncipe muçulmano ou pagão, a religião cristã parecer falsa e ofensiva a Deus, não deveriam os cristãos, pelas mesmas razões, e da mesma maneira, ser extirpados ali?

Mas pode-se dizer ainda que, pela lei de Moisés, os idólatras devem ser exterminados, o que é de fato verdadeiro, pela lei de Moisés, mas ela não é obrigatória para os cristãos. Ninguém propõe que, de um modo geral, as coisas permitidas pela lei de Moisés devam ser praticadas pelos cristãos. Não há nada mais frívolo do que a

LOCKE

comum distinção entre lei moral, judicial e cerimonial | 69
que os homens costumam usar, pois nenhuma lei posi-
tiva pode obrigar povo algum senão aquele a quem ela
foi dada. "Ouve, ouve, ó Israel", restringe de modo suficiente as obrigações da lei de Moisés apenas àquele povo. E
apenas esta consideração é resposta suficiente para aqueles que apelam à autoridade da lei de Moisés para infligir
a pena capital sobre os idólatras.

O caso dos idólatras, em relação à comunidade judaica, cai sobre uma dupla consideração. A primeira é a
de que os iniciados nos rituais mosaicos e feitos cidadãos
daquela comunidade posteriormente cometeram aposta-
sia do culto ao Deus de Israel. Estes eram tratados como
traidores e rebeldes, culpados de nada menos do que alta
traição, porque a comunidade dos judeus, diferentemente
de todas as outras, era uma teocracia absoluta, não havia
nela, nem poderia haver, nenhuma diferença entre a comunidade e a igreja. As leis estabelecidas ali concernentes
à adoração de uma deidade invisível eram as leis civis daquele povo e uma parte de seu governo político, no qual
o próprio Deus era o legislador. Ora, se alguém puder
me mostrar que há uma comunidade atualmente constituída sobre aquela fundação, reconhecerei que ali as leis
eclesiásticas se tornaram parte da lei civil e que os súditos
daquele governo tanto podem quanto devem ser postos
em estrita conformidade com aquela igreja pelo poder civil. Mas não há absolutamente nada sob os evangelhos semelhante a uma comunidade cristã. Existem, de fato, muitas cidades e países que abraçaram a fé em Cristo, mas que
retiveram suas antigas formas de governo, com as quais a
lei de Cristo de maneira nenhuma se misturou. Ele, de
fato, ensinou aos homens como alcançar a vida eterna
pela fé e pelas boas obras, mas não instituiu nenhuma

CARTA SOBRE A TOLERÂNCIA

república. Não prescreveu aos seus seguidores nenhuma nova e peculiar forma de governo, nem pôs a espada na mão de qualquer magistrado, com a incumbência de fazer uso dela para forçar os homens a abandonar a sua antiga religião e receber a dele.

Em segundo lugar, os estrangeiros ou estranhos à comunidade de Israel não eram obrigados pela força a observar os rituais da lei mosaica. Muito pelo contrário, no mesmo lugar em que se ordena "que um israelita que for idólatra deve ser morto", está dado que os estranhos não "devem ser submetidos a vexações nem oprimidos" (Êxodo 22, 21). Acredito que as sete nações que possuíam a terra prometida aos israelitas devessem ser completamente exterminadas, mas não porque eram idólatras, pois, se fosse esta a razão, por que deveriam ser poupados os moabitas e outras nações? Não, a razão era a seguinte: Deus, sendo de uma maneira especial o rei dos judeus, não poderia suportar a adoração de qualquer outra deidade, o que era evidente ato de alta traição contra si, na terra de Canaã, que era o seu reino, pois tão manifesta revolta de nenhuma maneira seria condizente com o seu domínio, perfeitamente político naquele país. Toda a idolatria tinha de ser extirpada das fronteiras de seu reino, pois ela equivaleria ao reconhecimento de outro deus, ou seja, de outro rei, o que era contra as leis do império. Os habitantes também tinham de ser expulsos, para que a completa possessão da terra pudesse ser dada aos israelitas, e por essa razão os emins e os horeus foram expulsos de seus países pelos filhos de Esaú e Lot, e suas terras, pelas mesmas razões, dadas por Deus aos invasores (Deuteronômio 2, 12). Mas, apesar de toda idolatria ter assim sido extirpada da terra de Canaã, nem todos os idólatras foram executados. Toda a família de Raab, a

LOCKE

nação inteira dos gebanitas, que fez um trato com Josué, teve permissão por tratado para permanecer. Além disso, havia muitos cativos idólatras entre os judeus. Davi e Salomão conquistaram muitos países fora dos limites da terra prometida, levando suas conquistas tão longe quanto ia o rio Eufrates. Entre tantos cativos capturados, entre tantas nações obrigadas a obedecer, não encontramos nem um só homem forçado a entrar na religião judaica, a adorar ao Deus Verdadeiro, ou punido por idolatria, apesar de todos eles serem certamente culpados disso. De fato, se algum deles, tornando-se um prosélito, desejasse residir na comunidade, era obrigado a se submeter às leis desta, isto é, a abraçar sua religião. Mas ele o faria voluntariamente, por seu próprio acordo, não por ter sido forçado. Ele não se submeteria contra a vontade, apenas para mostrar obediência, mas procuraria e solicitaria sua entrada, como um privilégio, e tão logo a tivesse conseguido, sujeitar-se-ia às leis da comunidade, pelas quais toda idolatria era proibida dentro das fronteiras da terra de Canaã. Mas essa lei, como já disse, não chegava a nenhuma das regiões situadas fora daqueles limites, mesmo que submetidas aos judeus.

Falamos a respeito do culto externo. Consideremos agora os artigos de fé.

Os artigos da religião são alguns práticos e alguns especulativos. Agora, apesar de os dois tipos consistirem no conhecimento da verdade, ainda assim os segundos terminam simplesmente no entendimento, e os primeiros influenciam a vontade e as maneiras. Portanto, as opiniões especulativas e os artigos de fé (como são chamados), que precisam ser acreditados, não podem ser impostos a qualquer igreja pela lei do país, pois seria absurdo que coisas que não dependem do poder dos homens para ser reali-

CARTA SOBRE A TOLERÂNCIA

zadas pudessem ser permitidas por leis. E acreditar que isso ou aquilo é verdadeiro, não depende da nossa vontade. Porém, muito já se falou anteriormente sobre isso. Mas, dirão alguns, que ao menos se professe aquilo em que se acredita. Que doce religião é essa que obriga os homens a dissimular e mentir tanto a Deus como às pessoas para salvar sua alma! Se o magistrado pensa em salvar homens dessa maneira, parece que entende pouco do caminho da salvação, e, se ele não o faz para salvá-los, por que então se mostra tão preocupado com os artigos de fé, a ponto de promulgá-los como lei?

Além disso, o magistrado não deve proibir a pregação ou profissão de nenhuma opinião especulativa em qualquer igreja, porque estas absolutamente não têm relação com os direitos civis dos súditos. Se um católico romano acredita que é realmente o corpo de Deus aquilo que outro homem chama de pão, ele de forma alguma prejudica o seu vizinho. Se um judeu não acredita no Novo Testamento, não é por isso que ele altera de alguma maneira os direitos civis dos homens. Se um pagão duvida de ambos os Testamentos, que ele não seja por isso punido como se fosse um cidadão pernicioso. O poder do magistrado e as propriedades das pessoas estarão igualmente seguras, quer os homens acreditem nessas coisas, quer não. Admito de pronto que essas opiniões são falsas e absurdas. Mas o objetivo das leis não é prover a verdade das opiniões, porém a segurança e integridade da comunidade, e a pessoa e as posses de cada homem em particular. E assim deve ser, pois a verdade certamente se sairia bem, se pelo menos uma vez fosse deixada agir por si mesma. Ela quase nunca tem recebido, e temo que nunca receberá muita assistência do poder dos grandes homens, dos quais ela é pouco conhecida e pelos quais ainda me-

LOCKE

nos bem-vinda. Ela não é ensinada por meio de leis, nem | 73
tem necessidade da força para procurar sua entrada nas
mentes dos homens. De fato, erros prevalecem pela re-
corrência a apoios estranhos e emprestados. Mas, se a verdade não penetra no entendimento por sua própria luz,
ela será ainda mais fraca por qualquer força emprestada
que a violência pode lhe adicionar, o que basta para as
opiniões especulativas. Vamos agora às opiniões práticas.

Uma vida boa, no que consiste não uma pequena
parte da religião e da verdadeira piedade, também diz respeito ao governo civil, e nisso repousa a segurança tanto
das almas dos homens como da comunidade. As ações
morais, portanto, pertencem à jurisdição da corte inte-
rior e da corte exterior, quer dizer, tanto do magistrado
quanto da consciência. Por isso, o grande perigo de que
uma dessas jurisdições avance sobre a outra, e a discórdia
surgirá entre o guardador da paz pública e o supervisor
das almas. Mas, se o que foi dito anteriormente a respeito
dos limites entre esses dois governos for considerado de
forma correta, será facilmente afastada qualquer dificuldade nesse assunto.

Cada homem tem uma alma imortal, capaz de felicidade ou miséria eterna; essa felicidade depende de sua
crença e de ele cometer, durante sua vida, os atos necessários para obter o favor de Deus, e prescritos por Ele
visando justamente a este fim. Daí, se segue, primeiro,
que a observância dessas coisas é a maior obrigação à
qual a humanidade está sujeita, e que o nosso mais ex-
tremo cuidado, aplicação e diligência devem ser exerci-
dos na sua busca e consecução, pois nada neste mundo
se compara à eternidade. E, segundo, que se note que um
homem não viola os direitos de outro por meio de suas
opiniões erradas e sua forma indevida de adoração, nem

CARTA SOBRE A TOLERÂNCIA

traz sua perdição qualquer prejuízo para os assuntos dos outros, já que a preocupação com a salvação de cada um pertence apenas a si mesmo. Mas não quero que disso se depreenda que eu condeno todas as admoestações caridosas e as tentativas plenas de afeto de afastar os homens de seus erros, o que são de fato os maiores deveres de um cristão. Qualquer um pode se valer de tantas exortações e argumentos quanto queira, tendo em vista a salvação de outro homem. Mas toda força e obrigatoriedade devem ser evitadas. Nada deve ser feito imperiosamente. Ninguém é obrigado a dar sua obediência às admoestações e injunções de outra pessoa, além do ponto em que ele próprio se veja persuadido. Nisso, todo homem tem a autoridade suprema e absoluta de julgar por si mesmo, sendo que a ninguém mais essa questão concerne, nem pode outra pessoa receber um prejuízo devido a sua conduta.

Mas, além de suas almas, que são imortais, os homens têm também as suas vidas temporais aqui sobre a terra, e sendo esse estado frágil e efêmero, de duração incerta, eles necessitam de várias conveniências externas para sustentá-los, as quais têm de ser obtidas e preservadas por meio da dor e do esforço, pois as coisas necessárias ao sustento confortável de nossas vidas não são produtos espontâneos da natureza nem se oferecem prontas e preparadas para o nosso uso. Portanto, toda esta parte se baseia em outros cuidados e necessariamente dá origem a outro tipo de empreendimento. Mas a depravação da humanidade é tal que os homens mais saqueiam os frutos do trabalho dos outros do que penam para produzi-los por si mesmos. A necessidade de preservar os homens na posse daquilo que honestamente sua indústria já tenha obtido, e também de preservar sua liberdade e força, pelas quais

LOCKE

podem conseguir o que mais queiram, obriga-os a se associarem, fazendo com que, pela assistência mútua e pela força reunida, possam assegurar uns aos outros suas propriedades, no que contribui para o conforto e felicidade nesta vida. Cabe assim a cada homem a preocupação com sua própria salvação, cuja obtenção não pode ser facilitada pelo esforço de outro homem, nem sua perda se transforma em prejuízo deste, isso além de não poder ser forçado a ele por uma violência externa. Mas, mesmo que os homens tenham entrado em sociedades baseadas em um pacto de assistência mútua para a defesa de seus bens temporais, eles podem, não obstante, ser privados deles por roubo ou fraude, cometidos por seus concidadãos ou pela violência hostil de estrangeiros. O remédio desse maligno conflito consistirá em armas, riquezas e multidões de cidadãos, o remédio de outros males consiste em leis, e o cuidado relativo de todas as coisas que concernem tanto a um quanto ao outro é concedido pela sociedade ao magistrado civil. Essa é a origem, o uso e os limites do legislativo, que é o poder supremo em toda comunidade. Quero dizer, a provisão deve ser feita visando a segurança de toda possessão privada de cada homem, a paz, as riquezas e comodidades públicas de todo o povo e, tanto quanto possível, o aumento de sua força interna contra invasões estrangeiras.

Uma vez explicadas essas coisas, torna-se fácil de entender para qual finalidade o poder legislativo deve ser direcionado e por quais medidas regulado, a saber, os bens temporais e a prosperidade exterior da sociedade, que são as únicas razões pelas quais os homens entram em sociedade, e tudo o que procuram e almejam nela. E fica também evidente que a liberdade em relação à eterna salvação permanece com os homens, e que cada

CARTA SOBRE A TOLERÂNCIA

um deve fazer o que em sua consciência está persuadido ser aceitável ao Todo Poderoso, de cuja satisfação e aceitação depende a felicidade eterna, pois a obediência é devida em primeiro lugar a Deus, e depois às leis.

Alguns poderiam todavia perguntar: e se o magistrado, por sua autoridade, aproveitar-se de algo que pareça ilegal para a consciência de uma pessoa privada? Respondo que isso dificilmente acontecerá se o governo for fielmente administrado e as intenções do magistrado forem de fato direcionadas para o bem público. Contudo, se vier a acontecer, digo que tal pessoa privada deve se abster das ações que julga ilegais, e que o magistrado deve sofrer punição, coisa que não é ilegal, porque o julgamento privado de qualquer pessoa a respeito de uma lei dirigida para assuntos políticos e para o bem público não merece dispensa. Se a lei de fato disser respeito a coisas que não estão no âmbito da autoridade do magistrado — como, por exemplo, que o povo, ou parte dele, seja obrigado a abraçar uma religião estranha e a fazer parte do culto e das cerimônias de outra igreja —, então, nesses casos, os homens não estão obrigados por aquela lei, contra sua consciência, pois a sociedade política não é instituída para outra finalidade senão a de assegurar para cada homem a posse das coisas da vida. A preocupação com a alma de cada homem e com as coisas do Céu, que não pertence à comunidade nem pode ser submetida a ela, deve ser deixada inteiramente a cada um. Assim, a salvaguarda da vida dos homens e das coisas que pertencem a esta vida é o objetivo da comunidade, e a preservação dessas coisas junto a seus proprietários é dever do magistrado, que, portanto, não pode tirar as coisas materiais de seus súditos conterrâneos, nem mesmo por uma lei, por uma causa que não tem relação com as finalidades do

LOCKE

governo civil, quero dizer, por causa de sua religião, que, | 77
seja falsa ou verdadeira, não traz prejuízo aos interesses
mundanos de seus súditos conterrâneos, que são a única
coisa que está sob os cuidados da comunidade.

Contudo, e se o magistrado acreditar que uma tal
lei seja para o bem público? Respondo: como o julgamento particular de qualquer pessoa, se errôneo, não a
isenta da obrigação da lei, assim também o julgamento
privado, como posso chamá-lo, do magistrado não lhe
dá nenhum novo direito de impor leis sobre seus súditos,
que a constituição do governo não lhe concedeu, nem jamais esteve sob o poder do povo conceder, ainda mais, o
que é sumamente importante, se ele tem como seu interesse enriquecer e fazer avançar seus seguidores e compa-
nheiros de seita com o espólio tirado de outrem. E se o
magistrado acreditar que tem o direito de fazer tais leis e
que elas são para o bem comum, ainda que seus súditos
acreditem no contrário? Quem será o juiz entre eles? Respondo: somente Deus, pois não há juiz sobre a Terra entre o supremo magistrado e o povo. Deus, digo, é o único
juiz neste caso, que retribuirá a cada um, no dia final, de
acordo com o seus merecimentos, isto é, de acordo com
sua sinceridade e retidão no esforço para promover a piedade, a riqueza pública e a paz da humanidade. Mas o
que deve ser feito neste ínterim? Respondo: a principal
e maior preocupação de cada um deve ser primeiro com
sua própria alma e, depois, com a paz pública, apesar de
poucos pensarem que há paz aqui, uma vez que perce-
bem tudo arruinado. Há duas formas de disputa entre
os homens: uma administrada pela lei, a outra pela força,
e elas são de tal natureza que, onde uma termina, sempre
começa a outra. Mas não é meu intento inquirir sobre
o poder do magistrado nas diferentes constituições das

CARTA SOBRE A TOLERÂNCIA

nações. Sei apenas o que acontece quando surgem controvérsias, sem que haja um juiz para dirimi-las. Você dirá então que, sendo o magistrado o mais forte, ele realizará sua vontade e ganhará o confronto. Sem dúvida. Mas a questão aqui não diz respeito às incertezas do evento, mas à regra do direito.

Passemos aos particulares. Digo que, primeiro, nenhuma opinião contrária à sociedade humana ou àquelas regras morais necessárias à preservação da sociedade civil devem ser toleradas pelo magistrado. São raros, todavia, os exemplos dessas opiniões em uma igreja, pois nenhuma seita pode chegar com facilidade a tal grau de loucura que pense ser adequado ensinar, como se fossem doutrinas da religião, coisas que manifestamente solapariam as fundações da sociedade e que, portanto, seriam condenadas pelo julgamento de toda a humanidade, já que o próprio interesse delas, a sua paz, reputação e tudo o mais, estaria por conseguinte em perigo.

Um outro mal, mais secreto, mas mais perigoso para a comunidade, é os homens se arrogarem para si e para os de sua própria seita, alguma prerrogativa particular, recoberta por um véu de palavras enganadoras, mas de fato oposta aos direitos civis da comunidade. Por exemplo, não encontramos nenhuma seita que ensine expressa e abertamente que os homens não devem cumprir suas promessas, que os príncipes podem ser destronados por aqueles que diferem deles na religião ou que o domínio de todas as coisas pertence apenas a esta religião. Porque, fossem essas coisas propostas de forma nua e crua, logo atrairiam os olhos e as mãos do magistrado e despertariam a atenção da comunidade, que começaria uma vigilância contra a propagação de um mal tão perigoso. Encontramos mesmo assim todas essas coisas ditas com outras pa-

LOCKE

lavras. O que mais eles querem dizer quando afirmam que não se deve manter a palavra com os heréticos? Pretendem, certamente, que o privilégio de quebrar a palavra dada pertença a eles mesmos, pois declaram heréticos todos os que não são de sua comunhão, ou pelos menos podem assim fazê-lo, quando isso lhes for conveniente. Qual o sentido de sua asserção de que os reis excomungados perdem o direito à coroa? É evidente que arrogam para si o poder de depor os reis quando afirmam que o poder da excomunhão é um direito peculiar de sua hierarquia. Ao asseverar que o domínio é fundado na Graça, aqueles que a defendem claramente afirmam ter a posse de todas as coisas. Pois eles não são tão falsos em relação a si mesmos de modo a não crer, ou pelo menos assim o professar, serem os verdadeiros fiéis e pios. Portanto, aqueles que atribuem aos fiéis, religiosos e ortodoxos, isto é, sem meias palavras, que atribuem a si mesmos qualquer privilégio ou poder peculiares sobre os outros mortais em assuntos civis; ou aqueles que, sob o pretexto da religião, desafiam qualquer tipo de autoridade que não esteja associada a eles em sua comunhão eclesiástica, desses eu digo que não têm o direito de ser tolerados pelo magistrado, assim como não podem ser tolerados aqueles que não aceitam e não ensinam o dever de tolerar os homens em assuntos de mera religião. Pois o que todas essas doutrinas e outras similares querem anunciar é que podem e estão prontas para tomar o governo em qualquer ocasião e se fazer donas das propriedades e fortunas de seus concidadãos, e pedem para ser toleradas pelo magistrado até se acharem fortes o suficiente para conseguir isso.

Novamente, essa igreja não tem direito algum de ser tolerada pelo magistrado, já que é constituída sobre o fundamento de que todos aqueles que nela entram entregam

CARTA SOBRE A TOLERÂNCIA

ipso facto a si mesmos à proteção e aos serviços de outro príncipe. Porque essa tolerância significaria que o magistrado permite o estabelecimento de uma jurisdição estrangeira em seu próprio país, deixando que seu povo se aliste como soldado contra seu próprio governo. Sequer a frívola e falaciosa distinção entre corte e igreja oferece algum remédio para essa inconveniência, especialmente quando uma e outra estão igualmente sujeitas à autoridade absoluta da mesma pessoa, que não só tem poder para persuadir os membros de sua igreja — para o assunto que for, seja religioso ou tendendo a isso —, mas também pode obrigá-los, sob pena do fogo eterno. É ridículo que alguém se diga um maometano apenas em religião, mas em todas as outras coisas fiel súdito de um magistrado cristão, se ao mesmo tempo essa pessoa se reconhece obrigada a prestar uma cega obediência ao mufti de Constantinopla, que é ele próprio inteiramente obediente ao imperador turco, o qual pode modificar os pretensos oráculos daquela religião a seu bel-prazer. Todavia, vivendo este maometano entre os cristãos, mais claramente ele renunciaria a seu governo se reconhecesse ser a mesma pessoa o cabeça da sua igreja e o magistrado supremo do Estado.

Finalmente, não podem ser tolerados aqueles que negam a existência de Deus. As promessas, os pactos e os juramentos que formam as ligaduras da sociedade humana não podem ter valor para um ateísta. A retirada de Deus, mesmo que só em pensamento, a tudo dissolve. Além disso, aqueles que, por seu ateísmo, enfraquecem e destroem toda a religião não possuem sequer uma pretensão de religião na qual possam basear o privilégio de uma tolerância. Já para outras opiniões práticas, apesar de não estarem absolutamente livres de erro, se elas não tende-

LOCKE

rem a estabelecer um domínio sobre as outras ou a impu- | 81
nidade civil para a igreja nas quais são ensinadas, não há
razão para não tolerá-las.

Falta ainda que eu diga algo a respeito daquelas assembleias que foram chamadas de coventículos e berçários
de facções e sedições, e algumas vezes o foram, as quais
parecem oferecer maior objeção à doutrina da tolerância.
Isso não aconteceu por alguma índole peculiar de tais assembleias, mas pelas circunstâncias infelizes de uma liberdade oprimida ou instável. Essas acusações logo ces-
sariam se a lei da tolerância fosse de uma vez instituída,
de modo que todas as igrejas fossem obrigadas a pôr a
tolerância como fundamento de sua própria liberdade, e
a ensinar que a liberdade de consciência é direito natural de todo homem, pertencendo tanto aos dissidentes
quanto a elas mesmas, e que ninguém pode ser obrigado
em assuntos de religião, quer pela lei, quer pela força. O
estabelecimento dessa única noção tornará infundadas as
reclamações e os tumultos baseados na consciência. E, depois de afastar as causas de tanto descontentamento e ani-
mosidade, nada sobrará nessas assembleias que seja mais
pacífico e mais apto a produzir um distúrbio no Estado
do que em qualquer outro tipo de reunião. Contudo, exa-
minemos em particular as principais dessas acusações.

Você dirá que assembleias e reuniões põem em perigo a paz pública e ameaçam a comunidade. Respondo:
se é assim, por que há tantas reuniões nos mercados e
nas cortes de justiça? Por que se suporta multidões na
bolsa de valores e o concurso de pessoas nas cidades?
Você objetará que essas são assembleias civis, mas são
as eclesiásticas que objetamos. Respondo: parece muito
razoável, por certo, que essas assembleias, que são as mais
completamente distantes dos negócios civis, sejam justa-

CARTA SOBRE A TOLERÂNCIA

mente a mais capazes de se enrolar neles. Ah, mas as assembleias civis são compostas de homens que diferem uns dos outros em matéria de religião, porém as reuniões eclesiásticas são de pessoas de uma só opinião. Como se uma concordância em assuntos de religião fosse de fato uma conspiração contra a comunidade, ou como se os homens não fossem mais ardentemente unânimes na religião quanto menor for a liberdade que têm de se reunir! Contudo, pode-se dizer ainda que as assembleias civis são abertas e livres para qualquer um entrar, enquanto os conventículos são mais privados, fornecendo portanto oportunidade para maquinações clandestinas. Respondo que isso não é bem verdade, que há muitas assembleias civis que não são abertas a todos. E se algumas reuniões religiosas são privadas, quem é que deve ser criticado por isso? Aqueles que as desejam públicas ou aqueles que as proíbem de sê-lo? Novamente se dirá que as comunhões religiosas, por unirem as mentes e os afetos dos homens de modo excessivo, são ainda mais perigosas. Mas, se é assim, por que o magistrado não teme sua própria igreja e por que ele não proíbe suas assembleias como coisas perigosas ao seu governo? Dir-se-á que é porque ele faz parte dela e pode ser até mesmo seu dirigente. Como se ele não fosse também parte da comunidade, e o cabeça de todo o povo!

Falemos com clareza. O magistrado teme as outras igrejas mas não a sua porque ele é gentil e agradável com esta, mas severo e cruel com as outras. Esta ele trata como uma criança e leva sua indulgência até a licenciosidade. As outras, ele usa como escravas, e por mais que se julguem impolutas, ele as recompensa apenas com prisões, confiscos e morte. Esta ele estima e defende, as outras ele continuamente persegue e oprime. Que ele faça

LOCKE

mudanças profundas, que deixe os dissidentes gozarem | 83
dos mesmos privilégios civis que seus outros súditos, e
ele rapidamente descobrirá que aquelas reuniões religiosas já não representam perigo nenhum, porque se os
homens entram em conspirações sediciosas, não é a religião que os inspira a isso em suas reuniões, mas são os
seus sofrimentos e opressões que os tornam desejosos de
se libertar. Governos justos e moderados são por toda
parte tranquilos, por toda parte seguros. Mas a opressão
fermenta, e faz os homens lutarem para se livrar de um
jugo incômodo e tirânico. Sei que sedições são frequentemente levantadas usando a religião como pretexto, mas
isso é tão verdadeiro quanto o fato de que, por causa da
religião, os súditos são muitas vezes maltratados, vivendo
de forma miserável. Creiam-me, as agitações que se pro-
duzem não derivam de um ânimo peculiar desta ou daquela igreja, mas da disposição comum a toda a humanidade, quando está a grunhir sob um grande peso, de
tentar naturalmente se livrar do jugo que pesa sobre seu
pescoço. Suponha-se que esses negócios de religião fossem deixados de lado e que alguma outra distinção fosse
feita entre os homens, baseada em suas compleições, formas e feições, de modo que, como exemplo, aqueles que
têm cabelos pretos ou olhos cinzentos não tivessem os
mesmos privilégios de outros cidadãos, que a eles não
fosse permitido comprar ou vender ou ganhar a vida por
sua profissão, que os pais não tivessem direito de governar e educar seus filhos, que vivessem excluídos dos benefícios da lei ou então só encontrassem juízes parciais:
há alguma dúvida de que essas pessoas, discriminadas
das outras pela cor de seus cabelos e olhos e unidas por
uma perseguição comum, seriam tão perigosas para o
magistrado como aquelas que se associam simplesmente

CARTA SOBRE A TOLERÂNCIA

por causa da religião? Alguns procuram companhia para negócios e lucros, já outros, na falta do que fazer, têm seus clubes, onde bebem vinho. A vizinhança reúne alguns, a religião outros. Mas há somente uma coisa que junta as pessoas em comoções sediciosas, e esta coisa é a opressão.

Você poderá me dizer: o quê! você deixa que pessoas se reúnam para o serviço divino contra a vontade do magistrado? Respondo: ora, rezarei contra a vontade dele? Não é ao mesmo tempo legal e necessário que as pessoas se reúnam? Você disse "contra a vontade dele"? Pois é justamente disso que estou reclamando, esta é a raiz verdadeira de todo o problema. Por que seriam as assembleias mais toleráveis num teatro ou no mercado do que numa igreja? Aqueles que ali se reúnem não são mais turbulentos ou menos viciosos do que os que se encontram em qualquer outro lugar. Toda a questão gira em torno do fato de que, como eles são maltratados, não podem ser tolerados. Que se retire do direito comum a parcialidade que lhes é imposta, que se mudem as leis, que sejam abolidas as punições às quais eles estão sujeitos, e tudo se tornará imediatamente seguro e pacífico. Mais do que isso, os que forem contrários à religião do magistrado serão os mais interessados em manter a paz da comunidade, sendo a sua condição melhor nela do que em qualquer outro lugar, e todas as variadas e diferentes congregações, tal como tantos outros guardiões da paz pública, vigiarão umas às outras para que de novo apareça ou mude a forma de governo, já que elas não podem esperar nada de melhor do que aquilo que já possuem, a saber, uma condição de igualdade com seus concidadãos, sob um governo justo e moderado. Ora, se uma igreja que concorda na religião com o príncipe for tida como o principal sustentáculo de um governo civil, e se isso acontece

LOCKE

por nenhuma outra razão, como já foi mostrado anteriormente, além da gentileza do príncipe e do fato de as leis serem favoráveis a ela, quão maior seria a segurança de um
governo se todos os bons súditos — quaisquer que sejam,
sem nenhuma distinção com respeito à religião, gozando
dos mesmos favores do príncipe e dos mesmos benefícios
da lei — tornassem-se o suporte comum e a guarda do governo, e se ninguém tivesse nenhuma razão para temer a
severidade das leis, exceto aqueles que prejudicam seus
vizinhos e ofendem a paz civil!

Com isso, podemos nos dirigir à conclusão de que
cada homem deve ter os mesmos direitos que são dados
aos outros. É permitido que se adore a Deus da maneira
romana? Então, que também seja permitida a maneira de
Genebra. Pode-se falar latim no mercado? Que para aqueles que assim o quiserem seja permitido fazê-lo também
na igreja. É legal que um homem, na sua casa, se ajoe-
lhe, fique de pé, sente ou adote qualquer outra postura,
e que se vista de branco ou de preto, com roupas curtas
ou longas? Que não seja declarado ilegal se comer pão,
beber vinho ou lavar-se com água na igreja. Numa palavra, que qualquer coisa que seja permitida pela lei na
vida comum também seja permitida para toda igreja no
seu culto divino. Que homem algum, em relação a sua
vida, corpo, casa ou propriedades, seja prejudicado de nenhuma maneira por causa disso. Pode ser permitida a
disciplina presbiteriana? Por que então os episcopais não
podem ter também aquela que querem? A autoridade
eclesiástica, seja ela administrada pelas mãos de uma só
pessoa ou pelas de muitos, é em todo lugar a mesma e
não possui qualquer jurisdição sobre as coisas civis, bem
como nenhuma força de coação, muito menos qualquer
relação com as riquezas e os proventos.

CARTA SOBRE A TOLERÂNCIA

As assembleias eclesiásticas e os sermões são justificados pela experiência diária e pelo consentimento público. Se elas são permitidas para as pessoas de uma determinada crença, por que então não o são para todas? Se numa reunião religiosa acontece alguma coisa que seja sediciosa e contrária à paz pública, isto deve ser punido da mesma maneira, e não de forma diferente, do que se tivesse acontecido numa feira ou no mercado. Essas reuniões não podem ser o santuário de rebeldes e criminosos, assim como não deve ser menos legal para homens se encontrar em igrejas do que num edifício público, e uma parte dos súditos não deve ser mais criticada por seus encontros do que outra. Cada um deve ser responsabilizado por suas ações, e ninguém pode ser colocado sob suspeita ou ódio pela falta de outrem. Aqueles que são sediciosos, homicidas, ladrões, assaltantes, adúlteros, caluniadores etc., seja de qual igreja forem, nacional ou não, devem ser punidos e suprimidos. Mas aqueles cuja doutrina for pacífica, cujos modos forem puros e sem mácula, devem estar em iguais termos com seus concidadãos. Assim, se a reunião em assembleias solenes e a observância de dias de festa e cultos públicos forem permitidas para qualquer tipo de crente, todas essas coisas devem ser permitidas, com a mesma liberdade, para presbiterianos, independentes, anabatistas, arminianos, quacres e outros. Mais ainda, se pudermos falar com franqueza, como é adequado a um homem que fala a outro, nem pagão, nem maometano, nem judeu, devem ser excluídos dos direitos civis de sua comunidade por causa de sua religião. A igreja que não julga os que estão de fora (Cor. 5, 12–13) não os quer. E não o exige a comunidade que abraça indiferentemente todos os homens honestos, pacíficos e esforçados. Devemos tolerar que um pagão trate e faça negócios co-

LOCKE

nosco, mas não que ele reze e adore Deus? Se permitimos que os judeus tenham casas próprias e habitem entre nós, por que não lhes permitimos ter sinagogas? Será sua doutrina mais falsa, seus cultos mais abomináveis ou estará a paz civil em perigo ainda maior, se seus encontros forem públicos, em vez de acontecerem em privado? Mas se essas coisas podem ser concedidas a judeus e pagãos, certamente a condição de qualquer cristão numa comunidade cristã não pode ser pior do que a deles.

Dir-se-á, talvez, que sim, que deve ser assim, pois esses são os mais inclinados a facções, tumultos e guerra civil. Respondo: e será que a culpa recai na religião cristã? Pois, se recair, então a cristã é a pior de todas as religiões, e não pode ser abraçada por qualquer pessoa, nem tolerada em qualquer comunidade. Porque, se for esta a índole, a natureza da religião cristã, ser turbulenta e destruidora da paz civil, a própria igreja da qual o magistrado faz parte nem sempre será inocente. Mas longe de nós falar tal coisa dessa religião, que mantém a maior oposição contra a avareza, a ambição, a discórdia, as lutas e todas as formas de desejos desregrados. Devemos portanto procurar outras causas para esses males de que a religião é imputada. E, se considerarmos direito, veremos que essas causas consistem justamente no assunto do qual venho tratando. Não é a diversidade de opiniões, algo que não pode ser evitado, mas a recusa da tolerância com os que são de opinião diferente, o que deveria ser reconhecido, que tem produzido todas as batalhas e guerras que ocorrem no mundo cristão, sob o pretexto da religião. Os chefes e os líderes das igrejas, movidos pela avareza e pelo insaciável desejo de dominação, fazendo uso das ambições imoderadas dos magistrados e da crédula superstição da tola multidão, os têm incentivado e animado contra os

CARTA SOBRE A TOLERÂNCIA

que são diferentes deles, através da pregação, contrária às leis do Evangelho e aos preceitos da caridade, de que cismáticos e heréticos devem ser espoliados daquilo que possuem e destruídos. Assim, eles misturaram e confundiram duas coisas das mais diferentes, a igreja e a comunidade. Ora, como é muito difícil para os homens se deixar pacientemente espoliar de seus bens, conseguidos por um empenho honesto, e como é contrário às leis da equidade, tanto a humana quanto a divina, ser entregue como uma presa à violência e rapina dos outros, especialmente quando não se carrega culpa nenhuma, e como nas ocasiões em que são assim tratados absolutamente não fazem parte da jurisdição do magistrado, mas pertencem inteiramente à consciência de cada homem, a qual só é imputável nesse campo diante de Deus, o que mais se pode esperar desses homens, cansados dos males sob os quais trabalham, senão que afinal acabem pensando que lhes é legal resistir à força com a força, e assim defender o melhor que puderem e com armas seus direitos naturais, os quais não lhes podem ser tirados sob o pretexto da religião? Que este tem sido até agora o curso comum das coisas está ostensivamente demonstrado pela história, e que vai continuar a ser assim é bastante claro para a razão. De fato, não pode ser diferente, enquanto o princípio da perseguição por motivos religiosos prevalecer, como tem acontecido até agora entre o magistrado e o povo, e enquanto aqueles que deveriam ser os pregadores da paz e concórdia continuarem, com toda sua arte e energia, a excitar os homens às armas e a fazer soar as trombetas da guerra. Contudo, seria de admirar que os magistrados tolerem que esses incendiários e perturbadores da paz pública, se não fosse evidente que eles também foram convidados a participar do espólio, achando por-

LOCKE

tanto conveniente usar da cobiça e do orgulho dos outros
para aumentar o seu próprio poder. Quem não vê que esses bons homens são mais ministros do governo do que
dos Evangelhos? E que, lisonjeando a ambição, favore-
cendo o domínio dos príncipes e dos homens de autoridade, eles trabalham com o maior denodo para promover
a tirania na comunidade, a mesma que, de outra forma,
eles não conseguiriam estabelecer dentro da igreja? Este
é o infeliz acordo que observamos entre a igreja e o Estado. Se cada um deles tivesse se restringido aos seus
próprios limites, um atendendo ao bem-estar mundano
da comunidade, a outra zelosa da salvação das almas, teria sido impossível que qualquer discórdia jamais tivesse
ocorrido entre eles. *Sed pudet haec opprobria*[2] etc. Im-
ploro que Deus Todo-Poderoso conceda que o Evangelho da paz possa finalmente ser pregado e que os magistrados civis, ficando mais cuidadosos ao conformar a sua
própria consciência às leis de Deus e menos solícitos em
oprimir as consciências dos outros homens com a lei, possam, como pais de sua nação, dirigir todos os seus conselhos e ações para a promoção do bem-estar civil geral de
seus filhos, excetuando aqueles que são arrogantes, ingo-
vernáveis e danosos para os seus irmãos. E que todos os
eclesiásticos que proclamam a si mesmos sucessores dos
apóstolos, seguindo pacífica e modestamente as pegadas
destes, sem se imiscuir nos casos do Estado, possam se
aplicar totalmente à salvação das almas. Adeus.

Talvez não esteja fora de lugar acrescentar umas poucas coisas a respeito da heresia e do cisma. Para um
cristão, um turco não é nem pode ser um herético ou
um cismático, e se alguém cai da fé cristã para a maome-
tana, não se torna por isso um herético ou um cismático,

---

[2] Provável referência a Ovídio, *Metamorfoses*, livro I, verso 758.

CARTA SOBRE A TOLERÂNCIA

mas sim um apóstata e um infiel. Disso ninguém duvida. Sendo assim, é claro que homens de diferentes religiões não podem ser heréticos ou cismáticos uns para os outros.

Portanto, temos de nos perguntar o que vem a ser homens da mesma religião. A este respeito, é evidente que aqueles que têm uma e mesma regra de fé e de culto são da mesma religião, e aqueles que não têm a mesma regra de fé e de culto são de religiões diferentes. Pois, desde que todas as coisas que pertencem a uma religião estão contidas naquela regra, segue-se necessariamente que aqueles que concordam em uma regra determinada são da mesma religião, e vice-versa. Assim, turcos e cristãos são de diferentes religiões, porque estes tomam as Sagradas Escrituras como regra de sua religião, e aqueles tomam o Corão. E, pelas mesmas razões, pode haver diferentes religiões mesmo entre os cristãos. Os papistas e os luteranos, apesar de ambos professarem a fé no Cristo e serem portanto chamados de cristãos, ainda assim são de religiões diferentes, porque os últimos só reconhecem as Sagradas Escrituras como regra e fundação de sua religião, e os primeiros também levam em consideração as tradições e os decretos dos papas, tudo isso fazendo em conjunto a regra de sua religião. Assim também são de religiões diferentes os chamados cristãos de São João e os cristãos de Genebra, porque estes tomam apenas as Escrituras como regra de sua religião, e aqueles não sei quais tradições.

Estando isso estabelecido, segue-se: primeiro, a heresia é uma separação que acontece numa comunidade eclesiástica entre homens da mesma religião, por algumas opiniões que não estão contidas na própria regra. Segundo: para aqueles que não reconhecem nada além das Sagradas Escrituras como sua regra de fé, a heresia é uma

LOCKE

separação que ocorre em sua comunidade cristã devido | 91
a opiniões que não estão contidas nas palavras expressas
da Escritura.

Essa separação pode se dar de duas maneiras:

Primeiro, quando grande parte ou, pelo patrocínio do
magistrado, a parte mais forte da igreja se separa das outras, por meio da exclusão dessas de sua comunhão, porque não quer acreditar na crença dessas partes em certas
opiniões que não são encontradas em palavras expressas
da Escritura. Pois não é o número reduzido daqueles que
são separados, nem a autoridade do magistrado que pode
fazer um homem culpado de heresia. Herético é apenas
aquele que divide a igreja em partes, introduzindo nomes e marcas de distinção, e que voluntariamente faz a
separação por causa dessas opiniões.

Segundo, quando alguém se separa da comunhão da
igreja, porque essa igreja não professa publicamente certas opiniões que as Sagradas Escrituras não ensinam expressamente.

Ambos são heréticos porque erram nos fundamentos,
e erram obstinadamente contra o conhecimento. Porque,
depois de se ter estabelecido que as Sagradas Escrituras
devem ser o único fundamento da fé, não obstante, eles
aceitam como fundamentais certas proposições que não
estão nas Escrituras, e já que os outros não reconhecem
essas opiniões adicionais, nem as tomam como base necessária e fundamental, eles fazem uma separação dentro da igreja, seja se separando dos outros por si mesmos,
seja expulsando os outros da igreja. Não tem muito valor eles dizerem que suas confissões e símbolos são concordantes com as Escrituras em analogia com a fé, porque, se concebidas nas palavras expressas da Escritura,
não pode haver dúvidas sobre elas, já que são aceitas por

CARTA SOBRE A TOLERÂNCIA

todos os cristãos como de inspiração divina e, portanto, fundamentais. Contudo, se dizem que os artigos que querem professar são deduzidos da Escritura, bem, então é indubitavelmente adequado para eles acreditar e professar o que acreditam estar de acordo com a regra da fé, mas é muito ruim que se imponham essas coisas aos outros, que não as veem como doutrinas indisputáveis da Escritura. E fazer uma separação por coisas como essas, que não são nem podem ser fundamentais, é se tornar um herético, pois eu penso que não existe um homem que já tenha chegado a tal grau de loucura que ofereça suas interpretações e deduções da Escritura como sendo inspirações divinas, e compare com a autoridade da Escritura os artigos de fé que construiu de acordo com sua fantasia. Conheço algumas proposições tão evidentemente concordantes com a Escritura que ninguém pode negar que foram retiradas dela, e a respeito dessas, portanto, não pode haver nenhuma diferença. Digo apenas isso: ainda que possamos ver claramente esta ou aquela doutrina como dedutível da Escritura, não podemos impô-las aos outros como um artigo necessário da fé, porque acreditamos que ela seja concordante com a regra da fé, a menos que aceitemos que outras doutrinas possam ser impostas a nós da mesma maneira e que possamos ser obrigados a aceitar e professar todas as diferentes e contraditórias opiniões dos luteranos, calvinistas, remostrantes, anabatistas e outras seitas, que os inventores de símbolos, sistemas e confissões costumam apresentar aos seus seguidores como se fossem deduções genuínas e necessárias das Sagradas Escrituras. Só posso ficar pasmado com a arrogância extravagante desses homens que pensam poder explicar coisas necessárias à salvação melhor que o Espírito Santo, a sabedoria eterna e infinita de Deus.

LOCKE

Isso a respeito da heresia, que é uma palavra usada apenas em relação à parte doutrinária da religião. Vamos considerar agora o cisma, que é um crime parecido com aquele. Pois ambas as palavras me parecem significar uma separação sem base na comunidade eclesiástica a partir de coisas que não são necessárias. Mas desde que o uso, que é a lei suprema em matéria de linguagem, determinou que a heresia tem a ver com os erros de fé, e o cisma com erros de culto e disciplina, devemos considerá-las sob esta distinção.

O cisma, pelas mesmas razões que já foram expostas, não passa de uma separação ocorrida na comunhão da igreja, em virtude de algo no culto divino ou na disciplina eclesiástica que não seja uma parte necessária desses. Ora, nada no culto ou na disciplina pode ser necessário para uma comunidade cristã, exceto aquilo que Cristo, nosso legislador, ou os apóstolos inspirados pelo Espírito Santo ordenaram através de palavras expressas.

Numa palavra, aquele que nada nega do que as Sagradas Escrituras ensinam em palavras expressas, nem faz menção a nada que não esteja manifestamente contido no texto sagrado — independentemente de como ele possa ser apelidado por alguma seita cristã, ou de ser declarado totalmente desprovido do verdadeiro cristianismo por algumas delas ou até mesmo por todas —, ele não pode, nem de fato nem de direito, ser declarado herege ou cismático.

Essas coisas podiam ter sido explicadas com mais pormenores ou mais extensamente, mas é suficiente apenas ter feito referência ao assunto, tratando-se de uma pessoa tão perspicaz quanto você.

COLEÇÃO DE BOLSO HEDRA

1. *Iracema*, Alencar
2. *Don Juan*, Molière
3. *Contos indianos*, Mallarmé
4. *Auto da barca do Inferno*, Gil Vicente
5. *Poemas completos de Alberto Caeiro*, Pessoa
6. *Triunfos*, Petrarca
7. *A cidade e as serras*, Eça
8. *O retrato de Dorian Gray*, Wilde
9. *A história trágica do Doutor Fausto*, Marlowe
10. *Os sofrimentos do jovem Werther*, Goethe
11. *Dos novos sistemas na arte*, Maliévitch
12. *Mensagem*, Pessoa
13. *Metamorfoses*, Ovídio
14. *Micromegas e outros contos*, Voltaire
15. *O sobrinho de Rameau*, Diderot
16. *Carta sobre a tolerância*, Locke
17. *Discursos ímpios*, Sade
18. *O príncipe*, Maquiavel
19. *Dao De Jing*, Laozi
20. *O fim do ciúme e outros contos*, Proust
21. *Pequenos poemas em prosa*, Baudelaire
22. *Fé e saber*, Hegel
23. *Joana d'Arc*, Michelet
24. *Livro dos mandamentos: 248 preceitos positivos*, Maimônides
25. *O indivíduo, a sociedade e o Estado, e outros ensaios*, Emma Goldman
26. *Eu acuso!*, Zola — *O processo do capitão Dreyfus*, Rui Barbosa
27. *Apologia de Galileu*, Campanella
28. *Sobre verdade e mentira*, Nietzsche
29. *O princípio anarquista e outros ensaios*, Kropotkin
30. *Os sovietes traídos pelos bolcheviques*, Rocker
31. *Poemas*, Byron
32. *Sonetos*, Shakespeare
33. *A vida é sonho*, Calderón
34. *Escritos revolucionários*, Malatesta
35. *Sagas*, Strindberg
36. *O mundo ou tratado da luz*, Descartes
37. *O Ateneu*, Raul Pompeia
38. *Fábula de Polifemo e Galateia e outros poemas*, Góngora
39. *A vênus das peles*, Sacher-Masoch
40. *Escritos sobre arte*, Baudelaire
41. *Cântico dos cânticos*, [Salomão]
42. *Americanismo e fordismo*, Gramsci
43. *O princípio do Estado e outros ensaios*, Bakunin
44. *O gato preto e outros contos*, Poe
45. *História da província Santa Cruz*, Gandavo
46. *Balada dos enforcados e outros poemas*, Villon
47. *Sátiras, fábulas, aforismos e profecias*, Da Vinci
48. *O cego e outros contos*, D.H. Lawrence

49. *Rashômon e outros contos*, Akutagawa
50. *História da anarquia (vol. 1)*, Max Nettlau
51. *Imitação de Cristo*, Tomás de Kempis
52. *O casamento do Céu e do Inferno*, Blake
53. *Cartas a favor da escravidão*, Alencar
54. *Utopia Brasil*, Darcy Ribeiro
55. *Flossie, a Vênus de quinze anos*, [Swinburne]
56. *Teleny, ou o reverso da medalha*, [Wilde et al.]
57. *A filosofia na era trágica dos gregos*, Nietzsche
58. *No coração das trevas*, Conrad
59. *Viagem sentimental*, Sterne
60. *Arcana Cœlestia e Apocalipsis revelata*, Swedenborg
61. *Saga dos Volsungos*, Anônimo do séc. XIII
62. *Um anarquista e outros contos*, Conrad
63. *A monadologia e outros textos*, Leibniz
64. *Cultura estética e liberdade*, Schiller
65. *A pele do lobo e outras peças*, Artur Azevedo
66. *Poesia basca: das origens à Guerra Civil*
67. *Poesia catalã: das origens à Guerra Civil*
68. *Poesia espanhola: das origens à Guerra Civil*
69. *Poesia galega: das origens à Guerra Civil*
70. *O chamado de Cthulhu e outros contos*, H.P. Lovecraft
71. *O pequeno Zacarias, chamado Cinábrio*, E.T.A. Hoffmann
72. *Tratados da terra e gente do Brasil*, Fernão Cardim
73. *Entre camponeses*, Malatesta
74. *O Rabi de Bacherach*, Heine
75. *Bom Crioulo*, Adolfo Caminha
76. *Um gato indiscreto e outros contos*, Saki
77. *Viagem em volta do meu quarto*, Xavier de Maistre
78. *Hawthorne e seus musgos*, Melville
79. *A metamorfose*, Kafka
80. *Ode ao Vento Oeste e outros poemas*, Shelley
81. *Oração aos moços*, Rui Barbosa
82. *Feitiço de amor e outros contos*, Ludwig Tieck
83. *O corno de si próprio e outros contos*, Sade
84. *Investigação sobre o entendimento humano*, Hume
85. *Sobre os sonhos e outros diálogos*, Borges — Osvaldo Ferrari
86. *Sobre a filosofia e outros diálogos*, Borges — Osvaldo Ferrari
87. *Sobre a amizade e outros diálogos*, Borges — Osvaldo Ferrari
88. *A voz dos botequins e outros poemas*, Verlaine
89. *Gente de Hemsö*, Strindberg
90. *Senhorita Júlia e outras peças*, Strindberg
91. *Correspondência*, Goethe — Schiller
92. *Índice das coisas mais notáveis*, Vieira
93. *Tratado descritivo do Brasil em 1587*, Gabriel Soares de Sousa
94. *Poemas da cabana montanhesa*, Saigyō
95. *Autobiografia de uma pulga*, [Stanislas de Rhodes]
96. *A volta do parafuso*, Henry James
97. *Ode sobre a melancolia e outros poemas*, Keats
98. *Teatro de êxtase*, Pessoa
99. *Carmilla — A vampira de Karnstein*, Sheridan Le Fanu

100. *Pensamento político de Maquiavel*, Fichte
101. *Inferno*, Strindberg
102. *Contos clássicos de vampiro*, Byron, Stoker e outros
103. *O primeiro Hamlet*, Shakespeare
104. *Noites egípcias e outros contos*, Púchkin
105. *A carteira de meu tio*, Macedo
106. *O desertor*, Silva Alvarenga
107. *Jerusalém*, Blake
108. *As bacantes*, Eurípides
109. *Emília Galotti*, Lessing
110. *Contos húngaros*, Kosztolányi, Karinthy, Csáth e Krúdy
111. *A sombra de Innsmouth*, H.P. Lovecraft
112. *Viagem aos Estados Unidos*, Tocqueville
113. *Émile e Sophie ou os solitários*, Rousseau
114. *Manifesto comunista*, Marx e Engels
115. *A fábrica de robôs*, Karel Tchápek
116. *Sobre a filosofia e seu método — Parerga e paralipomena (v. II, t. I)*,
     Schopenhauer
117. *O novo Epicuro: as delícias do sexo*, Edward Sellon
118. *Revolução e liberdade: cartas de 1845 a 1875*, Bakunin
119. *Sobre a liberdade*, Mill
120. *A velha Izerguil e outros contos*, Górki
121. *Pequeno-burgueses*, Górki
122. *Um sussurro nas trevas*, H.P. Lovecraft
123. *Primeiro livro dos Amores*, Ovídio
124. *Educação e sociologia*, Durkheim
125. *Elixir do pajé — poemas de humor, sátira e escatologia*,
     Bernardo Guimarães
126. *A nostálgica e outros contos*, Papadiamántis
127. *Lisístrata*, Aristófanes
128. *A cruzada das crianças/ Vidas imaginárias*, Marcel Schwob
129. *O livro de Monelle*, Marcel Schwob
130. *A última folha e outros contos*, O. Henry
131. *Romanceiro cigano*, Lorca
132. *Sobre o riso e a loucura*, [Hipócrates]
133. *Hino a Afrodite e outros poemas*, Safo de Lesbos
134. *Anarquia pela educação*, Élisée Reclus
135. *Ernestine ou o nascimento do amor*, Stendhal
136. *A cor que caiu do espaço*, H.P. Lovecraft
137. *Odisseia*, Homero
138. *História da anarquia (vol. 2)*, Max Nettlau

Edição _	Jorge Sallum
Coedição _	André Fernandes
Cotejo com o original _	Bruno Costa
Revisão técnica _	Oliver Tolle
Revisão _	Graziela Marcolin, André Fernandes
Capa e projeto gráfico _	Júlio Dui e Renan Costa Lima
Imagem de capa _	Hedra (Congresso nacional, Brasília)
Programação em LaTeX _	Marcelo Freitas
Consultoria em LaTeX _	Roberto Maluhy Jr.
Colofão _	Adverte-se aos curiosos que se imprimiu esta obra em nossas oficinas em 1 de março de 2012, em papel off-set 90 g/m², composta em tipologia Minion Pro, em GNU/Linux (Gentoo, Sabayon e Ubuntu), com os softwares livres LaTeX, DeTeX, vim, Evince, Pdftk, Aspell, svn e TRAC.